RVDERA. PALMY

E.AD.VIVVM.EXPRI
PRAE

VM.EXPRESSA DO
PRAESES.G.V.

O.DEDIT.NOBILIS
APENBROECK.X.I

OBILISSIMVS. IV
CK. X. IAN. CIƆIƆ

ICVM.AMSTELAE
CCXLIII.

M.AMSTELAEDAM
LIII.

NSIVM. QVONDAM.

SOMMAIRE

PALMYRE
LA CITÉ DES CARAVANES

Annie Sartre-Fauriat et Maurice Sartre

DÉCOUVERTES GALLIMARD
ARCHÉOLOGIE

Longtemps la gloire de Palmyre n'a pas suffi à convaincre les Européens d'affronter les dangers du désert pour découvrir la ville. Pourtant, d'audacieux marchands anglais y parvinrent à la fin du XVIIe siècle. Enthousiasme et déceptions alternent selon le goût des visiteurs, avant que ne commence l'étude scientifique des vestiges. Depuis peu, une nouvelle Palmyre sort des sables.

CHAPITRE 1

LA REDÉCOUVERTE DE PALMYRE

Attirés par la majesté des lieux, voyageurs et artistes se succèdent à partir du XVIIIe siècle. Le peintre Jean-Baptiste Hilaire (à gauche, détail du *Passage de deux caravanes à Palmyre par la vallée des Mausolées*) n'est quant à lui jamais venu à Palmyre, mais il s'inspira des dessins du plus célèbre d'entre eux, Louis François Cassas. Ce n'est qu'au début du XXe siècle que débutent les fouilles archéologiques.

Bien que l'on ait toujours su où se trouvait le site de Palmyre, et que Zénobie soit restée présente dans la mémoire des gens cultivés, aucun voyageur ne semble avoir réellement visité ses ruines avant la fin du XVIIe siècle. Le rabbin espagnol Benjamin de Tudèle prétend bien s'y être rendu en 1172 et y avoir trouvé une communauté juive de deux mille hommes, mais l'importance même du chiffre rend le témoignage suspect. Après cette date, une longue période de silence s'installe pendant laquelle le site semble délaissé.

Intrépides voyageurs

Les premiers voyageurs européens dont nous possédons des récits de voyage en Orient arrivent au début du XVIIe siècle; ils se rendent en Mésopotamie, mais ne passent pas à Palmyre car leur itinéraire longe l'Euphrate plus au nord. Ainsi font l'Italien Pietro della Valle lors de ses voyages de 1616 et de 1625 et le Français Jean-Baptiste Tavernier en 1630. Le premier copie cependant dans le village de Tayibè, au nord est de Palmyre, une inscription bilingue gravée sur une pierre carrée enchâssée dans le mur de la mosquée. Il y reconnaît les caractères grecs, mais pas l'autre langue qui, pour lui, est étrange et « ressemblait à de l'hébreu et du samaritain ». Le jésuite Manuel Godinho est peut-être le seul à s'être approché suffisamment près de Palmyre en 1663 pour se permettre d'évoquer « un magnifique édifice carré en grande partie ruiné, tout de marbre

Gerard Hofstede Van Essen accompagnait le révérend Halifax à Palmyre en 1691 et il fut le premier à exécuter une vue panoramique de la ville. Réalisée depuis le nord, elle embrasse un espace qui va du temple de Bêl au château arabe sur la colline. Mais elle n'est pas sans défaut : les propylées du temple à gauche sont très disproportionnés et le tétrapyle, « piliers de porphyre » de la légende, n'est pas à sa place réelle dans la grande colonnade. Quant au château, il est impossible de le voir ainsi sans un recul beaucoup plus important. Cette gravure illustre cependant très bien la fascination qu'exercèrent sur les premiers voyageurs « les centaines de ruines et la prodigieuse quantité de colonnes ». Au premier plan, les colonnes debout signalent un péristyle de maison, tandis que l'on reconnaît, à gauche, des vestiges du mur de Dioclétien.

le plus fin avec des colonnes, des canalisations d'eau, des tours et des salles également en marbre [...] et qui ressemble au temple de Salomon », sans doute le temple de Bêl, bien qu'il ne soit pas de marbre !

L'insécurité des lieux pousse les voyageurs à éviter Palmyre, car de farouches Bédouins n'hésitent pas à menacer les visiteurs et à les rançonner, dans le désert et à Palmyre même. C'est la mésaventure que subissent les marchands anglais venus d'Alep en 1678 qui, les premiers, tentent une véritable expédition pour atteindre la ville. Informés de l'intérêt du site par des marchands arabes, ils y parviennent en six jours de marche mais, retenus prisonniers et menacés de mort, ils ne doivent leur salut qu'au versement d'une forte somme d'argent, et sont contraints de rebrousser chemin. Ils n'ont que le temps de voir les « grandes et nobles ruines, prolongées vers le sud par une plaine immense comme la mer » et de recopier une inscription grecque. Nullement découragés, ils reviennent treize ans plus tard en 1691, accompagnés du pasteur William Halifax. Bien qu'ils ne soient restés que quatre jours, ils rentrent « très satisfaits de ce qu'ils avaient vu, heureux d'avoir pu échapper à des lieux aussi effrayants sans aucun

« Ma vieillesse a tremblé, la plante de mes pieds a vacillé, ton serviteur accablé de tristesse est tombé dans les mains du démon de la lumière. » Telle est la traduction que Samuel Petit, au XVIIe siècle, donnait de l'inscription en palmyrénien gravée sur cette stèle. En réalité, il s'agit d'une consécration : « À Aglibôl et Malakbel, dieux ancestraux, T. Aurelius Héliodoros, fils d'Antiochos, citoyen d'Hadrianè Palmyra, a consacré à ses frais l'effigie argentée avec tout le décor pour son salut, celui de son épouse et de ses enfants, en Shabat 547 [235-236 apr. J.-C.]. »

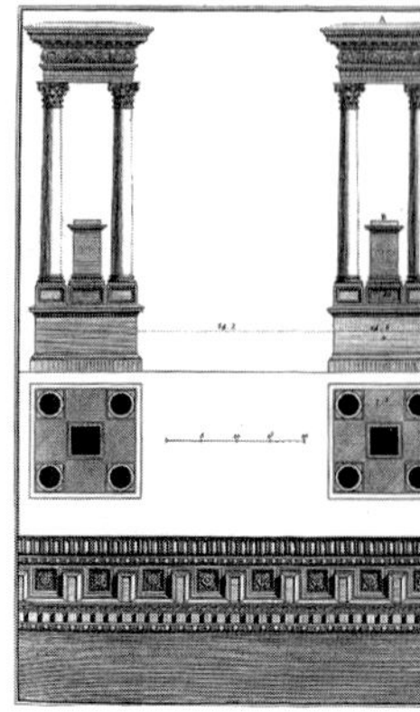

dommage, sans avoir été escroqués, mais avec quelques regrets d'avoir dû abandonner tant de choses qui eussent mérité une observation plus attentive et plus précise ». Le pasteur recopie vingt-quatre inscriptions et publie quatre ans plus tard, sous le titre *A Relation of the Voyage from Aleppo to Palmyra*, des dessins et une description du site qui suscitent un grand intérêt.

Au XVIIIe siècle, les tentatives pour joindre Palmyre se multiplient malgré le danger toujours présent. Les voyageurs français Giraud et Sautet en 1706 y copient des inscriptions et réalisent une vue panoramique du site. En 1735, le naturaliste français Claude Granger, parti d'Alep, brave le danger « d'être tué ou fait esclave, avec un mauvais habit à l'arabe et quelques bagatelles pour faire présent », mais il se déclare finalement déçu de ce qu'il voit, comparé, dit-il, aux sites égyptiens de Louxor ou de Thèbes, exception faite du temple de Bêl. Sa description des ruines l'emporte néanmoins sur celles de ses prédécesseurs par les détails et l'exactitude de ses observations.

L'étape décisive dans l'exploration du site est franchie en 1751 avec la venue des deux Anglais Robert Wood et James Dawkins, qui demeurent quinze jours sur le site, accompagnés d'une escorte armée et de dessinateurs dont l'Italien Giovanni Battista Borra. La publication qui en résulte, en français et en anglais (*Les Ruines de Palmyre, autrement dite Tadmor au désert*, Londres, 1753), connaît un fort retentissement sur les contemporains. Elle constituera longtemps la meilleure documentation sur les monuments de la ville.

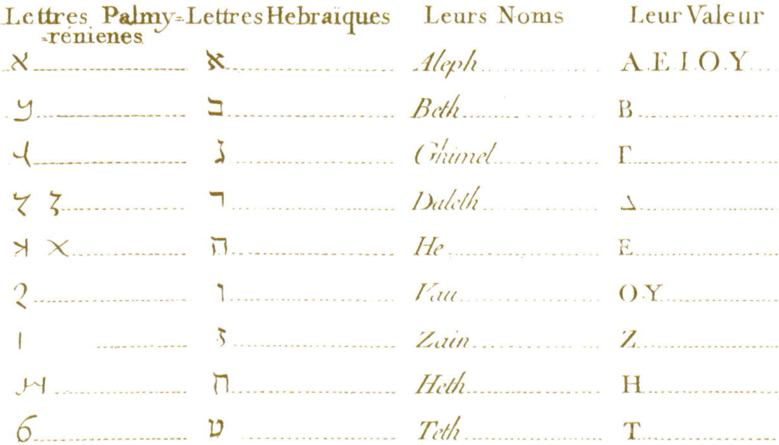

Lettres Palmy-réniennes	Lettres Hebraïques	Leurs Noms	Leur Valeur
[illegible]	א	*Aleph*	A.E.I.O.Y
[illegible]	ב	*Beth*	B
[illegible]	ג	*Ghimel*	Γ
[illegible]	ד	*Daleth*	Δ
[illegible]	ה	*He*	E
[illegible]	ו	*Vau*	O.Y
[illegible]	ז	*Zain*	Z
[illegible]	ח	*Heth*	H
[illegible]	ט	*Teth*	T

L'énigme de la langue résolue

Grâce aux nombreux textes recopiés par les voyageurs anglais, la connaissance de la langue palmyrénienne progresse rapidement. Les tentatives de déchiffrage faites par divers savants philologues spécialistes des langues orientales au début du XVIIe siècle (Janus Gruter, Halifax, Samuel Petit ou Joseph Scaliger) s'étaient soldées par des échecs, faute d'un nombre suffisant de textes bilingues dans lesquels le grec pouvait aider à comprendre le palmyrénien. Mais quelques mois après la parution de l'ouvrage de Wood et Dawkins, en 1754, l'abbé Jean-Jacques Barthélemy est en mesure de proposer un alphabet « deux jours après avoir eu connaissance de ces inscriptions » et il le publie dans un mémoire intitulé *Réflexions sur l'alphabet et sur la langue dont on se servait autrefois à Palmyre*. Simultanément, un Anglais, John Swinton, parvient au même résultat publié dans les *Philosophical Transactions*. Les textes en palmyrénien cessent d'être des énigmes.

RÉFLEXIONS

SUR

L'ALPHABET ET SUR LA LANGUE

DONT ON SE SERVOIT AUTREFOIS A PALMYRE.

Par M. l'Abbé BARTHÉLEMY.

Les magnifiques dessins de Borra qui illustrent l'ouvrage de Wood et Dawkins, comme cette élévation et ce plan du tétrapyle (en haut, à gauche), ou ce décor du temple de Bêl (en bas, à gauche), ont beaucoup contribué au succès du livre auprès des contemporains. En outre, grâce aux inscriptions recopiées par ces voyageurs, l'abbé Barthélemy parvint en 1754 à déchiffrer la langue de Palmyre en établissant les correspondances entre les alphabets palmyrénien, hébraïque et grec (ci-dessus).

Aventuriers et savants

À la suite de Wood et Dawkins, les voyageurs se succèdent. Parmi eux, le peintre et dessinateur français Louis François Cassas qui, « habillé à la manière des Arabes, d'un manteau rayé noir et blanc, la tête enveloppée d'un grand chèche surmonté d'une espèce de corne, la barbe déjà longue », triomphe de tous les dangers – attaque des Bédouins, perte de tout son argent, peur, chaleur, fatigue –, et s'émerveille des odeurs et des lumières du désert comme des animaux qu'il rencontre : léopards, autruches, serpents. Il atteint le site le 22 ou 23 mai 1785 et, pendant plus d'un mois, dessine et mesure tous les monuments qu'il rencontre sans oublier de mettre en scène de façon un peu théâtrale les habitants et les caravaniers. Il rapporte de Palmyre des milliers de dessins dont une partie seulement paraît dans son *Voyage pittoresque de la Syrie, de la Palestine et de la Basse-Égypte* en 1799, mais qui contribuent à faire progresser la connaissance des ruines

“On vint me prévenir que le chef des Arabes voulait me voir. Il s'était déjà informé si je lui apportais quelques présents. Je le trouvai accroupi avec plusieurs personnes de sa suite au pied de quelques ruines.”

Louis François Cassas, 1799

Le cheikh de Palmyre donna à Cassas une escorte pour l'accompagner partout où il le désirait. Ces hommes du désert figurent souvent sur les dessins (à droite) dont ils accentuent le pittoresque. En haut, à droite, l'entrée du vestibule de la tour funéraire de Jamblique, relevé avec précision.

et à inciter de nombreux voyageurs, aventuriers ou savants, à se rendre à Palmyre.

Ainsi, Charles Leonard Irby et James Mangles sont de passage à Palmyre en 1818. Les deux Anglais ne masquent pas leur déception à la vue des ruines dans lesquelles ils ne trouvent « aucun vestige architectural digne de leur admiration ». Ils reprochent à Wood et Dawkins d'avoir embelli la réalité en « rendant trop grande injustice aux originaux ». Et même si les tombeaux trouvent un peu grâce à leurs yeux par leur originalité, ils ne cessent de faire des comparaisons avec l'Égypte et Baalbek jugeant que « la visite de Palmyre ne vaut guère le long, dispendieux, dangereux et épuisant voyage à travers des étendues désolées ». Dangereux, le séjour à Palmyre l'est toujours en effet. La même année le voyageur anglais William John Bankes est retenu prisonnier plusieurs jours dans le temple de Bêl pour n'avoir pas versé assez d'argent aux cheikhs locaux.

Pour cette aquarelle réalisée vingt ans après la publication du *Voyage pittoresque*, Cassas a imaginé une composition où la liberté de l'artiste prend le pas sur la réalité. La tour d'Elahbêl (à gauche) n'est pas située face à la grande colonnade, mais Cassas a sans doute voulu rapprocher deux des monuments les plus caractéristiques de Palmyre auxquels il avait consacré de nombreuses planches. Il considérait la grande colonnade comme « le coup d'œil le plus théâtral et le plus extraordinaire que l'architecture puisse jamais présenter ». Il l'a représentée ici plus large qu'elle ne l'est en réalité et dotée d'une double rangée de colonnes imaginaires. Elle file vers le grand arc et le temple de Bêl que l'on distingue à peine dans le lointain brumeux. Une caravane au repos et quelques cavaliers au galop donnent vie au paysage et, par leur échelle, renforcent l'impression d'immensité. La longueur démesurée des ombres, le ciel et les blocs à terre confèrent un incontestable caractère romantique à l'ensemble. Est ce cette vue qui inspira ces vers à Hölderlin : « Et vous, rues de Palmyre ! / Forêts de colonnes dans l'immensité du désert, / Qu'êtes-vous devenues ? »

Léon de Laborde, en 1827, est aussi très mal reçu : « renversé de cheval, fort maltraité et dépouillé par un groupe d'Arabes ». Lui et son escorte traversent le village « poursuivis, étourdis, par une populace en furie qui nous menace de ses armes et nous accable d'injures et d'invectives » (*Voyage de la Syrie*). Tous ceux qui leur succèdent, du baron Taylor en 1835 au duc de Luynes en 1864, sont frappés par le contraste entre les habitants misérables, entassés dans l'enceinte du temple dans des huttes en terre, et l'aspect majestueux des ruines dont ils donnent des appréciations variables selon les comparaisons auxquelles ils les soumettent.

Au nombre des aventuriers, lady Hester Stanhope tient une place particulière. La nièce du ministre anglais William Pitt se rend à Palmyre en 1813. Escortée par tous les chefs de tribus qu'elle a ralliés à sa cause et vêtue à l'orientale, elle fait une entrée

Avant de devenir la « dame de Joun » au Liban, Hester Stanhope (ci-dessus, avec son biographe, le docteur Meryon) mène une vie aventureuse qui, d'Angleterre, la mène en Grèce, en Turquie, en Palestine et en Syrie. Elle défraie plusieurs fois la chronique par son anticonformisme, ses audaces et les relations qu'elle entretient avec les cheikhs et le sultan à Damas.

Ci-dessous, un détail du dessin de l'attaque subie par Laborde qui illustre la couverture de son *Voyage de la Syrie*.

triomphale saluée par des jeunes filles montées sur les consoles de la grande colonnade qui agitent des branches de palmier. Fantasque et exaltée, elle n'est pas loin de se prendre pour une réincarnation de la reine Zénobie ! Mais, elle ne profite pas de son séjour à Palmyre pour faire avancer la connaissance du site, intéressée uniquement par « la force mentale et corporelle » des « rudes indigènes » que sont les Bédouins et « la beauté du désert au printemps », selon des lettres publiées par la duchesse de Cleveland.

Le début des recherches scientifiques en Orient date du voyage de l'empereur Guillaume II en 1898 et de son intérêt pour les sites archéologiques. Baalbek et Palmyre furent de ceux-ci. Alors qu'en 1917 les empires centraux s'effondraient, les équipes d'archéologues allemands avec Wiegand et Krencker s'affairaient toujours sur le site de Palmyre. À la chute de l'Empire ottoman, l'instauration du mandat français sur la Syrie permit aux archéologues français de prendre le relais et de lancer de nombreux projets de fouilles et de mise en valeur du site. Dégagement de monuments, restaurations et missions épigraphiques se multiplient.

Le temps des explorations scientifiques

Toutefois, en dépit de descriptions parfois fidèles, les explorations menées jusque-là à Palmyre n'ont aucun caractère scientifique. L'observation des ruines reste empreinte de romantisme et l'idée que Salomon est le fondateur de la cité ne pose aucun problème par exemple au pasteur Josias Leslie Porter qui la justife par la politique commerciale du monarque « soucieux de faire de la Palestine le centre de son entreprise commerciale et de rendre les routes caravanières sûres » !

Bien que les travaux de Melchior de Vogüé et surtout de William Henry Waddington en 1861 aient fait progresser la connaissance épigraphique de Palmyre avec la copie de plus d'une centaine d'inscriptions en palmyrénien, l'exploration scientifique du site ne commence qu'au XXe siècle. À la suite du voyage triomphal de l'empereur Guillaume II en Orient en 1898, les archéologues allemands Theodor Wiegand et Daniel Krencker entreprennent de dégager et de décrire plusieurs monuments dont la publication, en 1932, fait encore autorité.

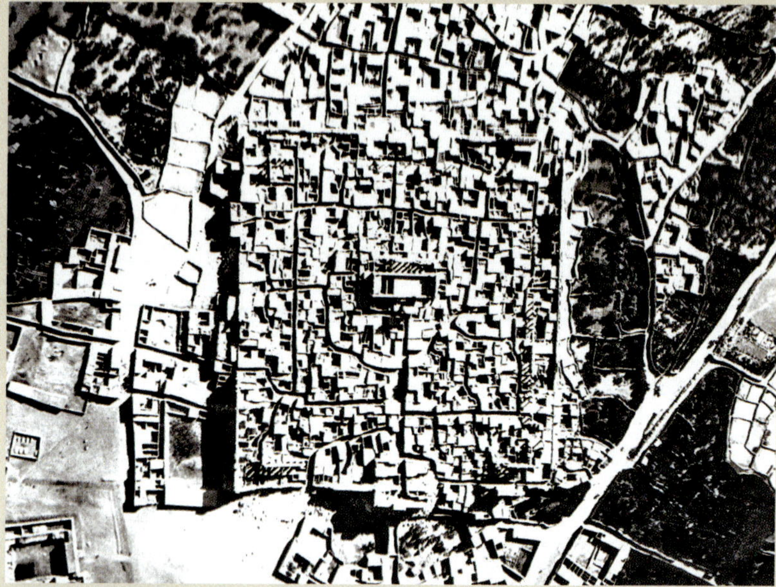

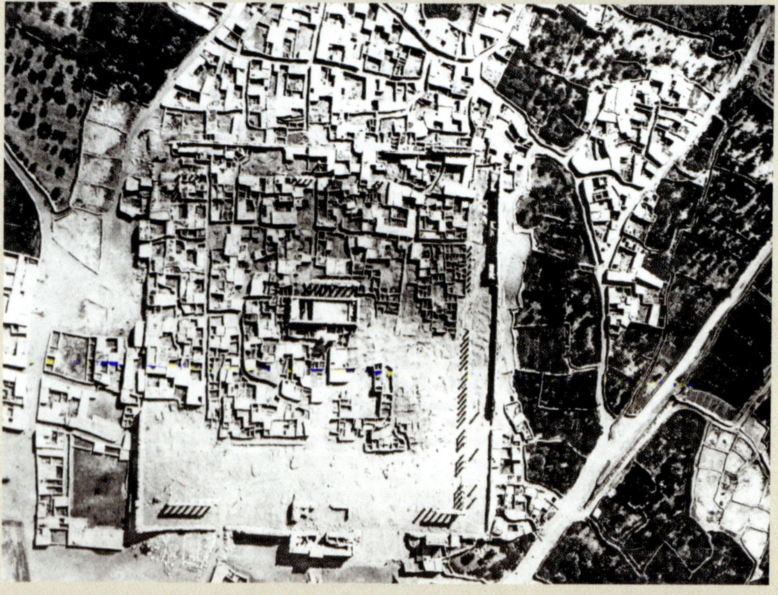

La vue du temple de Bêl avant son déblaiement en 1929 (page de gauche) le montre au centre de son enceinte de 4 hectares occupée par un réseau dense de maisons d'habitation. Seule émerge la porte monumentale de la cella, tandis que d'autres constructions s'appuient sur le mur du péribole à l'extérieur. Petit à petit, les villageois sont évacués et relogés au nord de la ville. Les fouilles peuvent alors commencer. Principal monument religieux de la cité consacré à Bêl, Yahribôl et Aglibôl, le temple recelait nombre d'inscriptions religieuses et honorifiques.

En 1914, les pères de l'École biblique de Jérusalem, Antonin Jaussen et Raphaël Savignac, relevèrent et estampèrent (ci-dessus) toutes les inscriptions du site, constituant ainsi l'ébauche d'un corpus général édité par l'abbé Jean-Baptiste Chabot, qui devait s'enrichir au fur et à mesure des fouilles. On compte aujourd'hui plus de trois mille textes.

Le mandat français

L'instauration du mandat français sur la Syrie en 1920 s'accompagne assez vite de la création d'un Service des antiquités du Levant qui permet d'organiser les recherches et de les faire progresser. Henri Seyrig, Daniel Schlumberger, avec les architectes René Amy et René Duru, ouvrent alors de grands chantiers au premier rang desquels la fouille et la restauration du temple de Bêl dont on évacue en 1929 les habitants qui l'occupaient pour les reloger dans un village moderne à la limite des ruines. On procède aussi au désensablement de l'agora, à la restauration du grand arc et de tours funéraires, à la mise au jour de quelques belles maisons en bordure de la palmeraie, tandis que Daniel Schlumberger

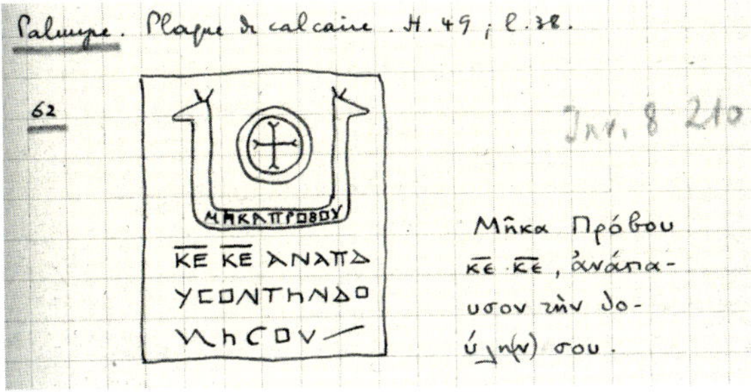

Henri Seyrig (ci-dessous), directeur des Antiquités du Levant, puis de l'Institut français d'archéologie de Beyrouth, fut l'un des artisans du renouveau de Palmyre. C'est à lui que l'on doit en 1929 le déblaiement du temple de Bêl. Dix ans plus tard, ce fut au tour de l'agora d'être dégagée du sable où elle était enfouie jusqu'à la hauteur des consoles des colonnes. Ses carnets (ci-contre) témoignent de ses travaux sur place.

explore les sites d'habitat temporaires du nord-ouest de la Palmyrène. Dans le même temps, le père Antoine Poidebard, pionnier de la photographie aérienne, réalise de multiples clichés mettant en évidence des vestiges enfouis, des pistes et des routes partant de Palmyre vers le désert.

Les missions archéologiques internationales

L'indépendance de la Syrie en 1945 ouvre la porte aux équipes de chercheurs internationaux. La mission polonaise dirigée par Kasimir Michalowski puis par Michal Gawlikowski fouille le camp de Dioclétien et le sanctuaire d'Allat. La mission danoise avec Harald Ingholt dégage systématiquement la nécropole sud-ouest. Une mission suisse fouille le temple de Baalshamin, tandis qu'une mission syro-allemande dégage le tombeau-palais n° 36 dans la nécropole ouest.

Toutes sortes de monuments du site sont également dégagés et restaurés par la Direction générale des antiquités de Syrie afin de rendre à Palmyre la majesté qu'elle avait dans l'Antiquité. Il reste cependant encore beaucoup à découvrir et les travaux se poursuivent dans plusieurs secteurs des ruines.

Parmi les recherches les plus récentes on citera celles des missions archéologiques syro-polonaise, allemande et japonaise. La première a mis au jour, entre autres, les boutiques du secteur de la grande colonnade et de grandes maisons d'habitation au centre de la ville, dont certaines sont ornées de magnifiques mosaïques, faisant ainsi progresser les connaissances sur l'habitat privé, peu visible à Palmyre. La découverte de plusieurs églises et basiliques dans le secteur de la grande colonnade éclaire également le développement du christianisme à Palmyre à un moment où la ville est retombée dans l'anonymat.

La mission syro-allemande conduite par Andreas Schmidt-Colinet a entrepris depuis 1997 d'explorer le secteur situé au sud du wadi où se trouve la partie la plus ancienne de la ville, jusqu'alors totalement enfouie sous le sable et les alluvions. Les premiers résultats ont confirmé que l'on se trouvait bien dans un secteur occupé dès le IIIe siècle av. J.-C., abandonné à la fin du IIIe siècle apr. J.-C., peut-être au moment de la prise de Palmyre par l'empereur Aurélien. L'étude des stucs, des peintures murales et du matériel retrouvés dans la fouille d'un grand bâtiment

Ci-dessous, l'une des rares momies découvertes dans une tour funéraire.

à cour intérieure, proche d'une rue principale, contribue à faire progresser la connaissance sur une période, l'époque hellénistique, peu documentée pour la Syrie et permet de retrouver les traces de la Palmyre pré-romaine, jusqu'ici bien pauvrement représentée. Enfin au début des années 2000, une équipe d'archéologues japonais a fouillé et restauré deux grands hypogées funéraires et leurs sculptures dans la nécropole sud-est. La découverte et la mise en valeur de Palmyre continuent !

L'existence d'une ville plus ancienne que celle qui est visible aujourd'hui a toujours été soupçonnée. Les fouilles de la mission syro-allemande au sud du wadi (ci-dessus) confirment qu'il y avait là des quartiers d'habitations occupés depuis le IIIᵉ siècle av. J.-C. jusqu'au IIIᵉ de notre ère dont témoignent, entre autres, des stucs peints (ci-contre).

Par leur côté spectaculaire et leur aménagement intérieur, les tombeaux des nécropoles de Palmyre ont toujours eu un attrait particulier pour les voyageurs et de multiples études scientifiques leur ont ensuite été consacrées. Parmi les plus récentes découvertes figurent deux hypogées de la nécropole sud-est (ci-contre, l'hypogée H), fouillés et restaurés par une mission syro-japonaise. Après le dégagement des blocs effondrés (à gauche), les archéologues s'affairent à consolider les murs et les loculi (ci-dessus), tandis que les dessinateurs relèvent les éléments sculptés.

Refuge de pillards et étape des caravanes, oasis d'agriculteurs et point de rencontre des éleveurs chameliers, Tadmor du désert construit lentement sa fortune sur les marges des grands royaumes syriens et mésopotamiens. Annexée à l'Empire romain dès l'an 19 de notre ère, Palmyre adopte les institutions d'une cité de l'Orient romain en conservant une forte identité culturelle.

CHAPITRE 2

LE DESTIN D'UNE VILLE

Le souvenir de Zénobie domine toute l'histoire de Palmyre, la cité caravanière (à droite, deux méharistes). Sa folle audace, son épopée militaire, son défi lancé à Rome, qui s'achevèrent dans l'exil, étaient propres à enflammer l'imagination des peintres, à l'exemple de Giambattista Tiepolo (à gauche, détail de *Zénobie haranguant ses soldats*, vers 1725).

Tadmor du désert

Le long du revers oriental de la chaîne de montagnes qui court des abords de Damas jusqu'au djebel Bilas, plusieurs oasis autorisent une vie sédentaire associée à l'élevage. Sur le site même de ce qui devint plus tard Palmyre, des vestiges datant du VIIe millénaire ont été identifiés, mais ce n'est qu'au IIe millénaire que l'oasis entre réellement dans l'Histoire, même si les traces n'en sont qu'épisodiques. On peut lire par deux fois *ta-ad-mu-ri-im* dans des documents provenant du comptoir assyrien de Kanesh (aujourd'hui Kültepe) en Cappadoce au XIXe siècle av. J.-C., indication d'origine qui évoque le nom de Tadmor, et la ville figure à plusieurs reprises dans les archives royales de la cité mésopotamienne de Mari au XVIIIe siècle. Elle se situe à mi-chemin entre le puissant royaume du Moyen-Euphrate et celui de Qatna, en Syrie centrale, près de l'actuelle Homs, à la limite de leurs zones d'influence respectives. Marchands peut-être, nomades sûrement, et agents royaux en mission empruntent la route directe qui, de Mari, permet de gagner la Syrie. Dans le courant du XIVe siècle av. J.-C., Tadmor est mentionnée dans les tablettes d'Emar, ville située au coude de l'Euphrate en Syrie du Nord. Au cours du XIe siècle, elle est signalée par les annales royales assyriennes comme

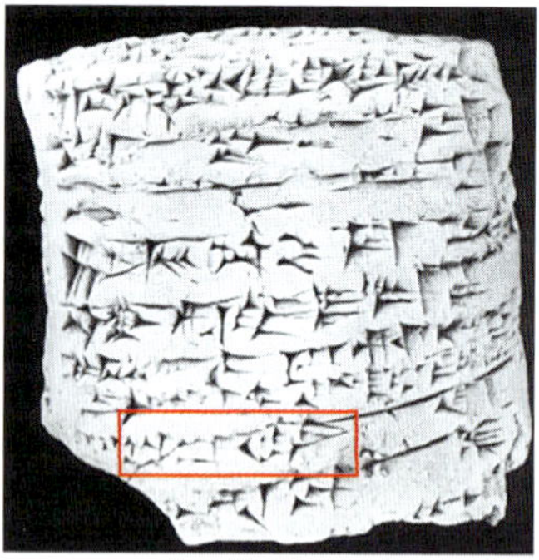

La tablette M.6159 des archives royales de Mari (à gauche) a livré le nom de Tadmer (détail, ci-dessous) en caractères cunéiformes. Aux XIXe et XVIIIe siècles avant notre ère, le royaume du Moyen-Euphrate surveille les Bédouins nomadisant dans les déserts qui bordent l'Euphrate, au nord comme au sud, ainsi que les habitants de l'oasis. Ces derniers sont d'ailleurs facilement assimilés aux brigands sutéens qui infestent le désert, bien qu'ils en soient parfois victimes.

« Tadmor du désert », refuge des brigands araméens (*ahlamu*) que le roi Tiglat-Piléser Ier (1115-1077) se flatte d'avoir souvent poursuivis au-delà du fleuve, jusqu'à « Tadmor au pays d'Amurru », et se glorifie d'avoir ravagé tout leur pays.

L'absence presque totale de vestiges remontant à ces hautes époques ne doit pas conduire à la conclusion d'un développement tardif de la ville. Quelques rares témoignages matériels de l'âge du bronze, notamment dans le temple de Bêl, prouvent qu'il existait assez tôt des édifices en dur, peut-être des lieux de culte plutôt qu'un habitat. Surtout, l'utilisation du dromadaire comme bête de somme, qui se diffuse au début du Ier millénaire, a pu fournir aux Palmyréniens le moyen qui leur manquait pour que la route la plus courte entre la côte syrienne et le Moyen-Euphrate, via Palmyre, devienne un réel axe commercial.

La ville occupe une position singulière. Une série de chaînons montagneux orientés sud-ouest/nord-ouest convergent un peu à l'ouest de la ville avec ceux des massifs situés au nord, laissant seulement un étroit passage pour la route en direction de Homs et de la mer. C'est dans une petite dépression au pied des montagnes que se situe l'oasis de Palmyre. L'eau y abonde, quoique de mauvaise qualité.

Les Assyriens du Nouvel Empire (IXe-VIIe siècle av. J.-C.) durent lutter à plusieurs reprises contre des Arabes montés sur de rapides dromadaires. Ce bas-relief du palais de Ninive conserve le souvenir des luttes d'Assurbanipal (669-627) contre les Qédarites du sud de la Syrie. Palmyre n'est pas mentionnée durant toute cette période, sauf dans un texte du deuxième Livre des Chroniques (VIII, 4) qui attribue faussement la fondation de la ville à Salomon ; en réalité, celui-ci ne fonda que la modeste Tamar de Juda (Rois IX, 18), mais le prestige intact de Tadmor, la grande cité du désert, parut sans doute au rédacteur biblique plus digne de la gloire de Salomon.

La principale source, celle d'Efqa, à l'entrée de la ville, est la plus abondante, mais d'autres jaillissent en plusieurs points de l'oasis. De plus, la ville peut exploiter plusieurs oasis secondaires situées au nord-est (Arak, Soukhné, cuvette d'el-Kowm-Tayibé) et les ressources en pâturages des massifs qui s'étendent au nord et au nord-ouest jusqu'au djebel Bilas.

Après les raids de Tiglat-Piléser Ier, le silence s'abat pour un millénaire. Lorsqu'elle apparaît de nouveau dans nos sources, en 41 av. J.-C., elle a accumulé assez de richesses pour susciter la convoitise des troupes romaines d'Antoine, preuve qu'elle s'est développée et ne s'est pas tenue à l'écart des circuits d'échanges et de communication. Antoine ne s'est pas présenté devant un camp de tentes, mais devant une ville en dur.

L'eau de la source Efqa à l'entrée de la ville n'est pas potable car sulfureuse; elle traitait surtout les maladies de la peau. En se perdant dans le désert, elle favorisait les remontées salines exploitées par les habitants et, en cours de route, irriguait l'oasis. Son tarissement récent à la suite de travaux d'urbanisme laisse voir désormais le canal d'écoulement avec l'escalier d'accès et les autels et colonnes votives dressés sur ses bords.

En effet, nos connaissances sont en train de changer depuis une dizaine d'années. On avait remarqué depuis longtemps que la ville d'époque romaine présentait des irrégularités de plan qui laissaient présager des structures plus anciennes. Mieux, on avait compris que la ville primitive se situait au sud du wadi qui descend de la vallée des tombeaux à l'ouest. Une prospection archéomagnétique à la fin des années 1990 a pleinement confirmé cette hypothèse. Les sondages ont permis de retrouver des éléments de décor, peintures, stucs, et une abondante céramique hellénistique, voire antérieure.

Palmyre romaine, une cité dans l'empire

La ville fut annexée à l'Empire romain au début du Ier siècle, sans doute en 19 de notre ère, lors de la visite de Germanicus en Orient. C'est là qu'il réunit les clients de Rome dans la région, ce qu'il n'aurait sans doute pas fait hors de l'empire. Dès le règne de Tibère, Palmyre n'est donc pas un royaume client de Rome – elle n'a d'ailleurs jamais été un royaume –, ni une cité étrangère, mais une ville de l'empire qui relève du gouverneur de Syrie résidant à Antioche. Ville frontière, qui a su préserver des caractères très originaux, mais ville « romaine » à n'en pas douter, elle se dote peu après d'institutions calquées sur les cités grecques de l'empire. À la suite de la visite d'Hadrien, elle ajoute l'épithète Hadrianè à son nom avant de recevoir le statut de colonie romaine sous Septime Sévère ou Caracalla au début du IIIe siècle.

Lorsque Germanicus, fils adoptif de l'empereur Tibère, vient à Palmyre en 19 apr. J.-C. au cours d'une tournée diplomatique en Orient, la ville est sans doute déjà intégrée à l'Empire romain dont l'Euphrate constitue la frontière avec l'Empire parthe à l'Est. Admirablement située entre le fleuve et la Méditerranée, Palmyre tire profit de la Paix romaine pour accroître sa prospérité. Une inscription en latin gravée sur une corniche entre 14 et 19 apr. J.-C. commémore la dédicace de trois statues pour Tibère, Drusus et Germanicus par le légat de la Xe légion Fretensis.

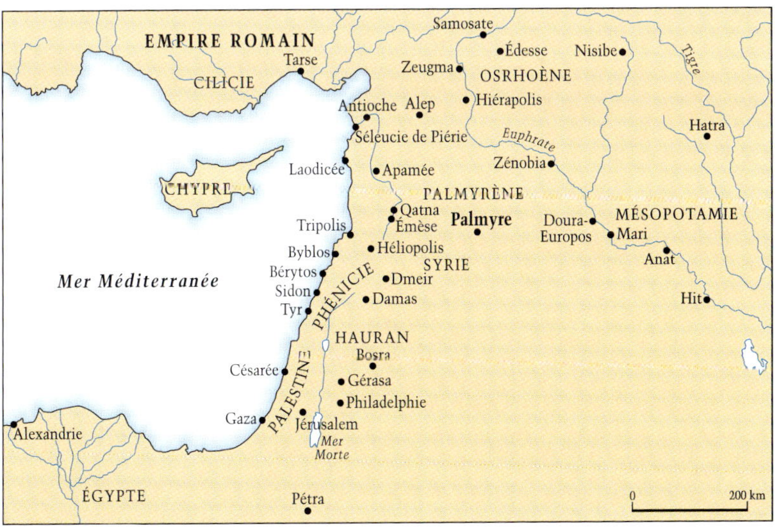

Cela ne l'empêche pas de conserver des traits originaux dont deux doivent être relevés. D'une part, la cité possède un vaste territoire, que les Romains ont pris la peine de borner du côté de la Syrie, peut-être pour des raisons fiscales. D'autre part, elle conserve une troupe commandée par des officiers palmyréniens, qui patrouille dans le désert loin vers l'est, jusqu'à la vallée de l'Euphrate (région de Hit et Anat), c'est-à-dire hors des frontières de l'empire.

Les notables de Palmyre étaient honorés par des statues en pierre ou en bronze dressées dans les lieux publics et sur les consoles des colonnes. Par le port de la toge, ils témoignaient de leur adhésion au modèle gréco-romain.

Le gouvernement de la cité

On ne sait rien de l'organisation politique, économique et sociale de Palmyre avant l'époque romaine, en dehors de ce que l'on peut supposer à partir des textes plus tardifs. Ainsi, la population se partage entre quatorze tribus mentionnées par les inscriptions d'époque impériale. Rien ne transparaît des cadres politiques, mais il est probable que, dès l'époque hellénistique, sinon plus tôt, les Palmyréniens disposent d'institutions politiques et administratives car la ville est alors trop importante pour être gérée par les chefs tribaux, sans aucune structure politique centrale.

On ignore à quelle époque Palmyre se dote des institutions civiques qui en font une *polis*, une cité grecque (presque) comme les autres. Les premières attestations certaines ne sont pas antérieures à l'époque des Flaviens, dans les années 70, mais la transformation peut remonter à l'époque de Claude (41-54), voire de Tibère (14-37). Sur les quatorze tribus, quatre seulement – les Bene Komare, les Bene Mattabol, les Bene Mita et les Bene Ma'ziyan – ont été retenues pour répartir la population civique, comme on le faisait dans toutes les cités grecques.

Ainsi, avant la fin du Ier siècle, et jusqu'au début du IIIe, Palmyre dispose bien des institutions que l'on connaît partout ailleurs dans les cités grecques de Syrie et d'Asie Mineure : un conseil (*boulè*) qui siège dans

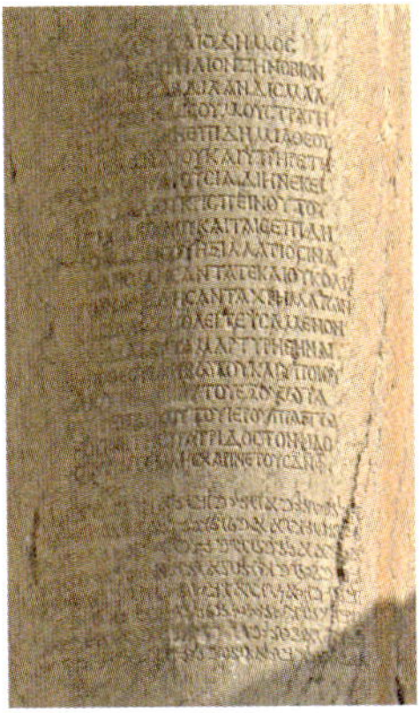

un local proche de l'agora sous la présidence du proèdre et dont les membres portent le titre de synèdre ; des magistrats parmi lesquels un secrétaire du peuple, un agoranome, un gymnasiarque, des trésoriers. La cité vote des décrets, envoie des requêtes au gouverneur de Syrie, honore les citoyens remarquables ou les officiers de la garnison romaine. Mais Palmyre introduit une coutume sans exemple ailleurs dans l'empire : le texte grec du décret est accompagné de sa traduction en langue indigène, avec transcription phonétique des termes techniques grecs.

L'hellénisme ne se manifeste pas seulement par l'adoption d'institutions grecques, mais aussi par des comportements politiques et sociaux fortement ancrés dans les habitudes grecques. C'est le cas

Les colonnes des portiques et les monuments de Palmyre comportent très souvent des inscriptions honorifiques. Ces abrégés des décrets du conseil, qui siège dans le bouleutérion (ci-dessous), et du peuple, affichent les bienfaits que les notables, en charge des magistratures de la cité, ont consentis pour la satisfaction de tous. L'une d'entre elles (en haut, à gauche) rend ainsi hommage à Iulius Aurelius Zenobios, stratège de la colonie, agoranome, et qui a pris à sa charge l'entretien de l'armée impériale lors de l'expédition contre les Perses en 231.

en particulier de l'évergétisme, qui consiste pour les citoyens aisés à accorder à leurs concitoyens des bienfaits de toute nature, dons en argent, édifices publics, entretien à leurs frais d'une ambassade lointaine ou du gymnase.

Un régime de notables

Sous l'Empire, les cités grecques sont dirigées par les plus riches, puisque le gouvernement de la cité entraîne des frais parfois importants pour ceux qui l'assument. Dans une cité comme Palmyre, il existe à coup sûr un groupe de familles riches, tirant essentiellement leurs revenus du commerce caravanier. On devine de solides oppositions entre ces familles, qui ne parviennent pas à se maintenir au sein de l'élite dirigeante pendant plus d'une ou deux générations. Ainsi, la famille d'Elahbêl, qui possédait l'une des tours funéraires les plus vastes et les mieux conservées de la nécropole ouest, paraît avoir été liée au temple de Nabu. Or, la destruction de la partie nord de l'enclos sacré et son ouverture presque ridicule par une porte dérobée sur la nouvelle grande rue au nord du temple, témoignent d'une incontestable perte de prestige.

Malè Agrippa, honoré sur cette console, fut deux fois secrétaire du conseil, fournit l'huile pour le gymnase, entretint l'escorte d'Hadrien lors de sa venue à Palmyre et embellit le temple de Baalshamin. La fierté de ces notables s'affiche avec éclat sur les couvercles de leurs sarcophages (ci-dessous) où ils se mettent en scène avec leur famille.

Le petit peuple paraît peu actif dans la vie politique car on n'entend jamais parler d'assemblée du peuple, comme cela arrive ailleurs, même si, en dépit du nombre très élevé d'inscriptions trouvées à Palmyre (plus de trois mille au total), notre documentation est peut-être lacunaire.

Palmyre, colonie romaine

Au début du IIIe siècle, Palmyre reçoit le titre envié de *colonia*, avec le *ius italicum*, elle est donc assimilée au sol de l'Italie et, en principe, dispensée du tribut. Tous les nouveaux citoyens font désormais précéder leur nom du gentilice (nom de famille) impérial Aurelius, qui était celui de l'empereur Caracalla. Mais Palmyre fit plus car tous ceux qui possédaient déjà la citoyenneté romaine, les *Ulpii*, *Aelii*, *Septimii*, en tant qu'anciens soldats ou par la faveur du prince, abandonnèrent leur ancien gentilice pour adopter le nouveau. Et tous, anciens et nouveaux citoyens, ajoutèrent en outre le gentilice Iulius, en hommage à la mère de Caracalla, Iulia Domna, originaire de la ville voisine d'Émèse.

En revanche, la promotion au rang colonial n'entraîna aucune « romanisation » : le latin, qui est de règle dans les colonies, n'est jamais employé dans les inscriptions officielles de la ville au IIIe siècle, et les noms des magistrats de la nouvelle colonie, les *duumviri*, ne sont attestés que sous leur dénomination grecque, *stratègoi*, dans les inscriptions grecques comme dans les inscriptions araméennes. D'ailleurs, les inscriptions latines disparaissent complètement

Les statues de bronze placées sur les consoles des colonnes ont disparu ; mais celles qui avaient été sculptées en relief sur les colonnes dans l'enceinte du temple de Baalshamin (ci-dessus) en donnent une idée.

au IIIe siècle. De même, on ne trouve pas à Palmyre les pontifes et les augures qui forment l'armature religieuse normale des colonies romaines.

Mais le culte impérial, en revanche, y bénéficie d'un sanctuaire, mentionné par deux inscriptions, une fois (en 171) sous le nom de *Kaisareion*, une autre fois, peu avant la prise de la ville par Aurélien en 272, comme « temple des Augustes ». Un prêtre des Augustes, également membre de la très glorieuse confrérie des prêtres de Bêl, est connu dès 166 et il serait étonnant que Palmyre n'ait pas eu un sanctuaire impérial dès le Ier siècle puisque le culte provincial de Syrie a été organisé sous le règne d'Auguste.

Les Palmyréniens, habiles archers et méharistes, servent dans des unités spécialisées envoyées par Rome en divers points de l'empire. Un des bas-reliefs de la colonne Trajane (ci-dessous) à Rome témoigne de la participation des Palmyréniens aux guerres contre les Daces au début du IIe siècle. Leur équipement diffère de celui des soldats romains, ils portent ici une cuirasse recouvrant une longue robe plissée et le carquois de flèches et l'arc indiquent leur spécialité.

Une forte présence militaire

Ville romaine, ville frontière, Palmyre abrite une garnison de légionnaires et d'unités auxiliaires. Des détachements de la Xe légion *Fretensis* avant 70, puis de la IIIe *Gallica* à la fin du Ier et au IIe siècle y stationnent. Au IIe siècle, on y connaît des unités de cavalerie auxiliaires (*ala I Ulpia Singularium, ala*

Thracum Herculiana), et une unité de méharistes recrutée sur place, l'*ala I Ulpia Dromedariorum*, avant que Commode (180-192) n'y installe une aile de Voconces, et que ne s'y établisse sous les Sévères un corps d'archers montés (Ire cohorte *Flavia Chalcidenorum*) recruté en Syrie du Nord. Les officiers de la garnison jouent un rôle important au sein de la société palmyrénienne ; plusieurs d'entre eux sont honorés de statues dans l'agora ou la grande colonnade.

Palmyre possède aussi ses propres troupes, destinées à accompagner ou à protéger les caravanes dans le désert. Elles patrouillent même hors des limites de l'empire, jusqu'aux fortins de Anat et Gamla, sur le Moyen-Euphrate.

Enfin, la cité fournit à Rome des troupes envoyées garder les frontières loin de la Syrie. Des unités d'archers palmyréniens sont attestées en Afrique du Nord, dans l'Aurès à El Kantara, en Moyenne-Égypte à Coptos (débouché de la voie caravanière la plus courte entre le Nil et les ports de la mer Rouge), en Dacie enfin. Au plus tard en 208, une unité palmyrénienne, la XXe cohorte montée, est installée à Doura Europos, la ville de l'Euphrate par laquelle transite une partie du commerce de Palmyre, et où les Palmyréniens sont nombreux.

D'autres unités militaires sont attestées à Coptos sur le Nil où l'on a retrouvé plusieurs stèles (à gauche, l'une d'entre elles, surmontée d'un décor égyptisant). Elles surveillaient la route commerciale et militaire qui reliait le Nil au port de Quseir sur la mer Rouge. Pendant ce temps, à Palmyre, des soldats occidentaux cantonnent à la périphérie de la ville (ci-dessous, le buste funéraire de Vibius Apollinaris, cavalier auxiliaire, mort à Palmyre, et dont l'épitaphe est en latin).

La menace sassanide

Bien que le territoire de Palmyre fût frontalier de l'Empire parthe, la cité n'eut jamais à subir les conséquences des guerres qui opposèrent régulièrement les Parthes et Rome. La situation changea avec l'accession au pouvoir du Perse sassanide Ardashir (224-241), nouveau maître de l'Iran après la défaite et la mort d'Artaban V en 224. Dès 230, Ardashir pénétra en Mésopotamie romaine et en Cappadoce, et menaça la Syrie du Nord. En 231, les tentatives de négociations ayant échoué, l'empereur Alexandre Sévère mobilisa une armée gigantesque en vue d'une campagne. Ce fut un échec, et l'assassinat de l'empereur en 235 à la veille d'une nouvelle expédition ouvrit une période d'instabilité politique à Rome qui autorisa Ardashir, puis Shapur Ier (241-272), à attaquer régulièrement le territoire romain en Orient entre 238 et 253. Une nouvelle campagne perse en 256 entraîna la destruction de Doura, la prise d'Antioche et de nouveaux ravages en Syrie du Nord et en Cilicie. C'est dans ce contexte qu'Odeinat de Palmyre entra en scène.

Odeinat et Hairan

Odeinat et sa famille sont restés longtemps une énigme avant que Michal Gawlikowski ne mette définitivement au point leur généalogie. Cette famille indigène est inconnue avant Odeinat, mais son gentilice Septimius montre qu'elle a dû accéder à la citoyenneté romaine sous Septime Sévère (193-211). Cette promotion fut probablement obtenue en récompense de son ralliement à Septime Sévère en 193 au moment où, en Orient, beaucoup de cités faisaient allégeance à son rival à l'Empire, Pescennius Niger, gouverneur de Syrie.

On ne sait comment Odeinat, né vers 220, fit carrière, mais dans une inscription datée de 252 il est qualifié de « clarissime exarque des Palmyréniens », ce qui signifie qu'il a déjà intégré l'ordre sénatorial, le plus élevé dans la hiérarchie sociale de l'empire. Le titre d'exarque, également porté par son fils Hairan, ne correspond à rien d'officiel dans la hiérarchie administrative romaine, mais traduit le terme *resh*, « chef », présent dans la partie araméenne de l'inscription. Odeinat et Hairan ont dû s'attribuer ce titre au cours de la période troublée qui suivit l'assassinat de Philippe l'Arabe en 249, durant laquelle ils ont certainement joué un rôle important dans la défense de leur cité et peut-être même de toute la Syrie. En 258, une inscription qualifie Odeinat de « clarissime consulaire », soulignant qu'il avait obtenu les « ornements consulaires », mais pas forcément un commandement sur l'ensemble de la Syrie comme gouverneur.

La défaite de l'armée romaine face aux troupes du roi sassanide Shapur Ier et la capture de l'empereur Valérien sur le champ de bataille près d'Édesse,

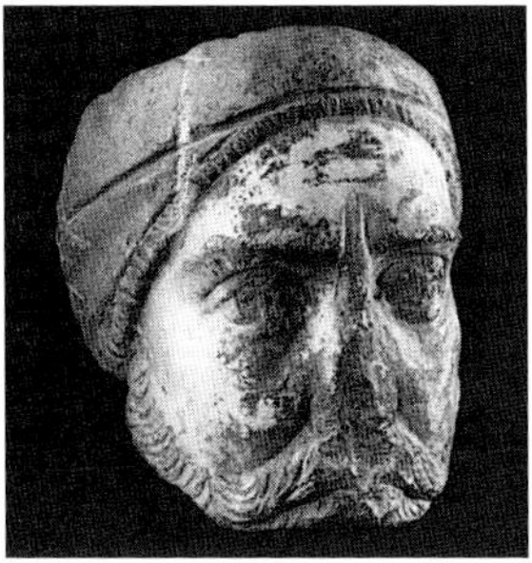

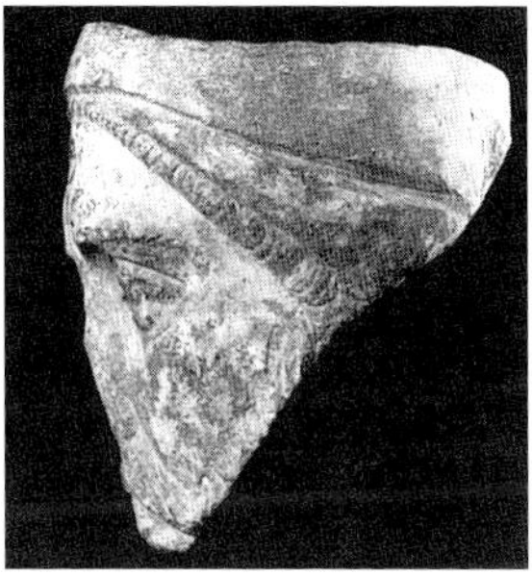

Alors que les Sassanides envahissent régulièrement la Syrie au IIIe siècle (page de gauche, un graffiti de Doura laissé par les envahisseurs), un notable de Palmyre du nom d'Odeinat s'emploie à les repousser. On ne possède aucune représentation sûre d'Odeinat, mais cette statue acéphale (à gauche) d'un sénateur en toge et chaussé des brodequins sénatoriaux en train de faire une offrande sur un autel est peut-être la sienne, tout comme une autre qui représente un sénateur portant les bustes de ses ancêtres. Une interprétation récente suggère de le reconnaître dans cette tête mutilée, coiffée d'un turban à la parthe (ci-dessus), aujourd'hui perdue. Un orifice au sommet du crâne laisse penser qu'un objet y était fixé. Ce pourrait être la couronne du Roi des Rois qu'Odeinat s'était attribuée après sa victoire sur Shapur Ier.

Battu et fait prisonnier, l'empereur Valérien se prosterne devant son vainqueur, Shapur Ier, sur le bas-relief monumental de Naqsh i-Rustam (Iran). L'événement fit l'effet d'un cataclysme dans l'empire : pour la première fois, un empereur romain était capturé par l'ennemi et personne ne sut le sort qui lui fut réservé. Les provinces d'Orient, livrées à elles-mêmes, durent organiser leur défense. C'est dans ce contexte qu'Odeinat et son fils remportent leurs succès militaires.

en 259, donnèrent à la carrière d'Odeinat un nouvel essor. Inquiet de voir les routes commerciales et les ports du golfe Persique se fermer aux marchands palmyréniens, Odeinat aurait d'abord tenté de négocier avec les Perses. Mais l'échec de son projet d'alliance et la capture de Valérien le conduisirent à attaquer les Perses qui se repliaient après avoir pillé l'Asie Mineure. Il les vainquit en Syrie et les poursuivit jusqu'en Mésopotamie. À la suite de cet exploit, Odeinat et Hairan prirent le titre de « Roi des Rois ». Vainqueurs du Roi des Rois, Shapur Ier, ils s'attribuaient son titre. À Rome, l'empereur Gallien reçut quant à lui les épithètes de Persicus Maximus, preuve qu'Odeinat se plaçait en défenseur de Rome. On ne sait pour quelles raisons Odeinat et Hairan furent assassinés en 266-267, complot familial ou élimination sur l'ordre de Gallien désireux de rétablir son autorité sur l'Orient et de se débarrasser d'un rival potentiel ? C'était sans compter avec Zénobie, veuve d'Odeinat et mère du jeune Wahballat dont elle entendait bien faire l'héritier des titres de son père.

Zénobie et Wahballat

Les origines de Zénobie sont tout aussi obscures que celles de son époux et ni les sources littéraires, ni l'épigraphie, ne sont d'un grand secours. Deuxième femme d'Odeinat, alors qu'il était déjà sénateur, elle lui donna trois fils, dont Wahballat.

Ce dernier reprit les titres de son père, dont celui de Roi des Rois que l'on peut lire sur des bornes milliaires le long des routes syriennes, avec en plus celui de « *épanorthotès* de tout l'Orient », c'est-à-dire « administrateur ». Sans doute encore jeune à la mort de son père, il est sous l'autorité de sa mère Zénobie qui porte sur plusieurs documents le titre de reine : non pas

« reine de Palmyre », puisque Palmyre n'a jamais été un royaume, mais reine parce qu'épouse puis mère du Roi des Rois. Encouragée par le désintérêt apparent des empereurs pour l'Orient et les morts successives en 269 de l'empereur Claude II le Gothique et de son frère Quintillien, elle entreprit dès le début de l'année 270, une véritable conquête des provinces du Proche-Orient : l'Arabie, la Palestine et l'Égypte.

La mainmise sur l'Arabie permettait de surveiller les tribus bédouines du désert Arabique, comme celles du « royaume » de Tanukh en expansion vers l'ouest et, selon les sources arabes, ennemies des Palmyréniens. La possession de l'Égypte offrait, quant à elle, la possibilité de contrôler de nouvelles voies d'accès vers l'Inde après la fermeture progressive des routes du Nord suite à la destruction de Doura et d'Anat sur l'Euphrate. Mais elle mettait aussi en grande difficulté l'empereur en Occident en le privant

À la mort d'Odeinat, sa veuve Zénobie relève le défi de protéger l'Orient et étend sa domination sur plusieurs provinces. Une inscription de Bostra, capitale de l'Arabie romaine, évoque la destruction du temple de Jupiter Amon, dieu tutélaire de la IIIe légion Cyrénaïque, par les troupes de Palmyre en route vers l'Égypte en 270. La ville de Halabiyyeh-Zénobia (ci-dessus) sur l'Euphrate, plus tard fortifiée par Justinien, fut sans doute fondée à la même époque pour des raisons stratégiques et commerciales.

du blé transitant par Alexandrie, dont l'apport régulier à Rome conditionnait la paix sociale.

Les ambitions de Zénobie la poussèrent également à prendre possession de l'Asie Mineure où ses armées pénétrèrent jusqu'à la région d'Ancyre (aujourd'hui Ankara). Deux émissions d'antoniniani frappées à Antioche, l'une à l'image de Wahballat seul, ceint de la couronne radiée, avec la légende en latin : « Imperator Caesar Vahbalathus Augustus », et l'autre de Zénobie, portant le diadème avec la légende « Septimia Zenobia Augusta », confirment qu'ils ont alors usurpé la pourpre en se proclamant empereur et impératrice.

L'usurpation aurait pu réussir, mais Zénobie négligea de se précipiter à Rome sans délai pour recevoir du Sénat la confirmation de son pouvoir, peut-être parce qu'il lui manquait des appuis dans l'aristocratie romaine et qu'elle ne pouvait compter sur la loyauté de toutes les armées romaines d'Orient. Mais surtout sa tentative

L'épopée de Zénobie a nourri l'imagination de nombreux peintres (en haut, deux toiles du cycle réalisé par Giambattista Tiepolo vers 1725). Leur inspiration commune est la biographie que l'auteur anonyme de l'*Histoire Auguste* (IVe-Ve siècle) consacra à Zénobie. On ne peut s'empêcher de voir dans *Zénobie haranguant ses soldats* (ci-dessus) l'illustration de ce propos : « C'est à la manière des empereurs romains qu'elle se présentait aux soldats, coiffée d'un casque, portant une écharpe de pourpre dont les franges laissaient pendre à leur extrémité des pierreries. »

coïncida avec l'avènement de l'énergique Aurélien (septembre 270), appuyé par les troupes du Danube, et bien décidé à reprendre en main tout l'empire.

Aurélien quitta Rome fin 271 et au début de 272 il reprit la Bithynie et la Cappadoce. Il affronta un détachement de la cavalerie palmyrénienne près d'Antioche, puis le gros de la troupe à Émèse, tandis que Zénobie faisait route en hâte vers Palmyre pour organiser la défense. Au début de l'été 272 l'Égypte était repassée elle aussi sous contrôle romain.

Aurélien parvint sous les « murs » de Palmyre, une défense discontinue hâtivement complétée par des éléments de muraille maçonnée dans la vallée qui donnait accès à Palmyre par l'ouest. Il préféra, semble-t-il, la négociation avec les opposants à Zénobie plutôt que l'attaque. Septimius Haddudan, sénateur et grand prêtre du temple de Bêl, « qui a aidé Aurélien César, notre maître », dit une inscription, négocia la capitulation en août 272. Zénobie, qui avait fui avec son fils sur un chameau

Comme il était d'usage, l'empereur vainqueur célébrait un triomphe à Rome. l'*Histoire Auguste* relate ainsi celui d'Aurélien (ci-dessus) : « Zénobie était parée de pierreries si énormes qu'elle croulait sous le poids de ses joyaux. Elle avait des entraves d'or aux pieds et des chaînes d'or aux mains. » Ce n'est que plus tard que l'on fit de Zénobie, « reine de Palmyre », l'héroïne d'un combat destiné à délivrer Palmyre de l'emprise de Rome.

de course en direction de l'Euphrate, fut rattrapée alors qu'elle s'apprêtait à passer de l'autre côté du fleuve. Transférée à Rome, elle figura couverte d'or et de pierreries dans le triomphe d'Aurélien en 274. Quant à Wahballat, les sources sont muettes sur son sort.

Zénobie, impératrice romaine

Cet épisode de l'histoire de Palmyre est sans doute celui qui a engendré le plus d'interprétations fantaisistes et romanesques. On s'est inutilement interrogé sur le statut de Zénobie : usurpatrice du pouvoir impérial ou souveraine d'un royaume indigène rebelle ? L'attitude de Zénobie contredit sans ambiguïté l'idée, souvent véhiculée ou sous-entendue, qu'elle aurait restauré une ancienne royauté et fait retrouver à Palmyre son identité arabe. Non seulement il n'y eut jamais de « royaume » à Palmyre, mais tout dans la politique de Zénobie montre qu'elle agit en impératrice romaine. La manière dont elle et son fils se proclament empereurs et manifestent leur pouvoir ne diffère en rien de celle des autres empereurs : depuis le début du IIIe siècle, la pourpre se gagne sur le champ de bataille. Rien n'indique qu'ils aient voulu faire sécession et l'on est frappé, au contraire, par leur volonté évidente d'assumer le pouvoir de façon traditionnelle.

D'autre part, le but de Zénobie n'était pas de régner seulement sur l'Orient, mais bel et bien sur tout l'empire : à ses fils, elle fait enseigner la langue latine et, selon l'*Histoire Auguste*, elle ordonne la construction d'un char triomphal « dans l'espoir de l'utiliser pour voir la ville de Rome ».

À l'inverse, aucun des actes de Zénobie n'apparaît comme un retour à une tradition indigène. Les institutions de la cité-colonie fonctionnent

Les frappes monétaires des ateliers d'Alexandrie et d'Antioche sont des preuves, avec les bornes milliaires, les papyrus et les tessères, de l'ascension vers le pouvoir suprême de Zénobie et Wahballat. D'abord représenté au revers des monnaies de l'empereur Aurélien (ci-dessous), Wahballat y apparaît bientôt seul (ci-dessous, à gauche). La légende AVG en latin (Augustus ou Augusta) ou CEB en grec pour *sébastos* ou *sébastè* (« empereur » ou « impératrice ») prouve qu'ils entendent désormais régner sur tout l'empire. L'affrontement avec Aurélien devenait inévitable.

(*boulè*, *dèmos*, magistrats); les inscriptions restent rédigées à la fois en grec et en palmyrénien et aucun changement n'est perceptible à Palmyre où une culture métissée allie traditions sémitiques et apports gréco-romains. L'hellénisme connaît même alors une sorte d'apogée, car Zénobie attire dans sa cité de grands philosophes, titulaires de chaires de rhétorique renommées, comme Longin, auteur d'un panégyrique perdu d'Odeinat, ou Callinicos de Pétra qui lui dédie une *Histoire d'Alexandrie*. De cette époque semble dater la mosaïque néoplatonicienne du triomphe de Cassiopée, témoin du haut degré de culture des élites palmyréniennes. Cet engouement affiché pour la culture gréco-romaine ne peut guère être considéré comme le signe d'une opposition à Rome.

Mettre en avant l'origine des troupes bédouines, la permanence des traditions locales, l'araméen dans l'écriture, les divinités sémitiques honorées à Palmyre et la forte présence d'influences orientales dans le décor, l'architecture et l'habillement des citoyens de la ville, revient à oublier que rien de tout ceci n'est spécifique à l'époque de Zénobie et appartient depuis toujours à la culture et à l'histoire de Palmyre. En somme, Zénobie est le reflet de sa cité, à la fois *polis* de l'empire et ville indigène, au carrefour d'influences multiples. Zénobie et Wahballat, maîtres hellénisés de Palmyre, ont simplement tenté leur chance d'accéder à l'Empire comme d'autres avant eux avaient réussi à le faire.

La vie culturelle à Palmyre au temps de Zénobie contredit l'idée d'une volonté de rétablir les traditions indigènes. L'hellénisme y est à son apogée, comme en témoigne l'intérêt de Zénobie pour la philosophie néoplatonicienne dont on retrouve les échos dans les mosaïques de cette époque. Celle de Cassiopée triomphant des Néréides (ci-dessus) serait une illustration du néoplatonisme dont Longin était le propagateur auprès de Zénobie.

Palmyre après Zénobie

La reddition de Palmyre en 272 n'entraîna pas la destruction de la ville mais, l'année suivante, elle se souleva à l'instigation d'un certain Apsaios qui aurait proposé à Marcellus, préfet de Mésopotamie et « recteur » pour l'Orient, de prendre la pourpre. Devant le refus de celui-ci, les Palmyréniens passèrent à la révolte ouverte et un parent de Zénobie fut proclamé empereur. Aurélien, revenu sur ses pas, châtia les rebelles. Si la partie romaine de la ville n'a pas révélé de couches de destruction, le quartier hellénistique recèle des niveaux d'incendie. Quant au temple de Bêl, il fut pillé par la IIIe légion Cyrénaïque qui se serait vengée de la destruction de son propre temple à Bostra en 270 par les Palmyréniens. Trois cents livres d'or et mille huit cents livres d'argent, ainsi que tous les bijoux de Zénobie auraient été consacrés à restaurer le temple de Palmyre.

Après cette date, les inscriptions civiques deviennent rares. Entre 293 et 303, la Ire légion Illyrienne s'installe dans un vaste camp

Après sa reddition, Palmyre reste un élément du dispositif de défense de l'Orient. Dioclétien y fait construire un camp de légionnaires (ci-dessus) et des remparts enserrent la ville. L'arrivée des Arabes signe la fin de l'Antiquité. Des édifices tombent en ruine et leurs éléments sont remployés dans des constructions nouvelles comme, ci-dessous, ces colonnes dans le bastion arabe entourant le temple de Bêl.

à l'ouest de la ville, le « camp de Dioclétien », comportant un sanctuaire aux enseignes et un prétoire. Une route stratégique, la *strata Diocletiana* jalonnée de forts, relie l'Arabie à l'Euphrate. Enfin, un solide rempart enserre désormais la partie « utile » de la ville. Car la cité n'est pas abandonnée. En 279-280, on refait le toit du sanctuaire d'Arsu, et le gouverneur de Syrie, Sossianus Hiéroclès, fait construire des bains sur l'emplacement du palais de Zénobie, tandis qu'un magistrat de la ville fait restaurer en 328 la toiture d'une partie du portique de la grande colonnade. Entre 324 et 328 est construite la première église de Palmyre, sans doute le siège épiscopal de Marinus qui assiste au concile de Nicée en 325. Trois autres églises ont été repérées dont deux réutilisèrent les temples de Bêl et de Baalshamin, ainsi que des cimetières chrétiens et des *martyria*. Au VIe siècle, la position stratégique de la ville incita Justinien à y installer une forte garnison et à renforcer le rempart. Défense insuffisante pour repousser les Arabes : un siècle plus tard, en 634, Khalid ibn al-Walid s'empare de la ville.

Au gré de ses maîtres successifs à partir de la conquête arabe, Palmyre se transforme et reste suffisamment prospère pour que Tamerlan la pille en 1401. Au XVIIe siècle, l'émir Fakhr ed-Din fait édifier sur une colline l'imposant château qui domine toujours la ville (ci-dessous). Mais à cette date, il s'agit davantage de surveiller le désert que de protéger une ville dont les quelques habitants sont réfugiés dans l'enceinte du temple de Bêl. C'est ainsi que la découvrent les marchands anglais d'Alep en 1691.

Aux habitats éparpillés à l'ouest de l'oasis et à la ville hellénistique encore largement enfouie sous le sable, Palmyre, devenue romaine, ajouta une ville monumentale dans le goût de l'époque sans renoncer à l'originalité profonde de l'ancienne Tadmor.

CHAPITRE 3

ET TADMOR DEVINT PALMYRE

Symbole de la richesse de Palmyre, la grande rue, ponctuée d'un tétrapyle et de l'arc monumental (à gauche), et bordée de portiques continus, constitue l'épine dorsale de la ville nouvelle reliant le temple de Bêl à celui d'Allat. En dépit de sa modernisation, la ville conserve ses traditions (ci-contre, sur ce bas-relief provenant du temple d'Allat, des femmes voilées suivant une procession).

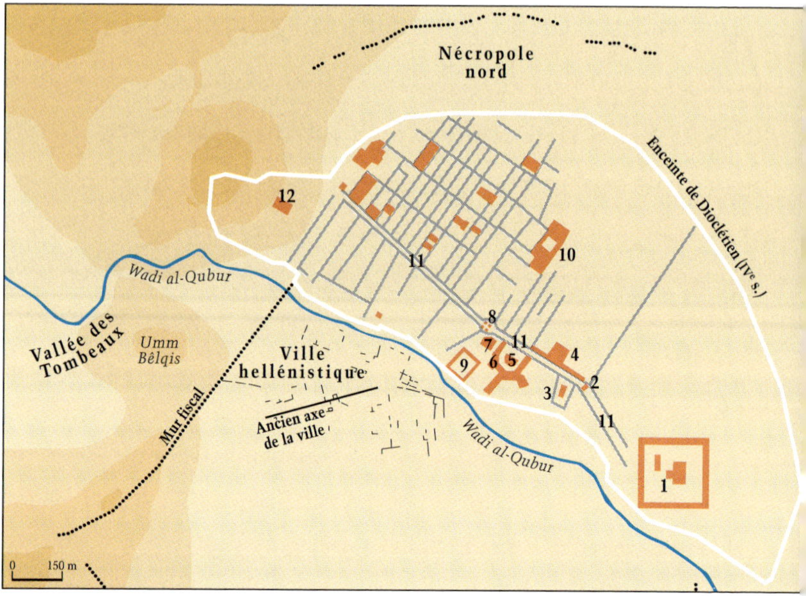

Les origines de la ville

Le plan de Palmyre prouve que la ville s'est constituée lentement, sans volonté d'organisation rationnelle. Plusieurs noyaux d'habitat s'implantèrent à l'ouest de l'oasis, autour de points de regroupements des tribus qui constituaient la communauté des Palmyréniens. Puis, à l'époque hellénistique, la ville se développe sur la rive sud du wadi, entre, à l'est, un premier sanctuaire de Bêl et, à l'ouest, la source Efqa et la zone des nécropoles.

La ville ne paraît pas alors avoir été fortifiée. Les diverses portions de murs trouvées à l'ouest et au sud de l'agglomération constituent un mur « fiscal », une délimitation de l'espace au-delà de laquelle les marchandises en transit ne payaient pas les taxes exigées à l'entrée de la ville. Le mur nord, précédé d'un fossé, a pu servir aussi à empêcher l'envahissement de la ville par les eaux dévalant des pentes. Mais un tel mur, qui pouvait assurer une

Ville ouverte, dépourvue de remparts jusqu'à la fin du IIIe siècle apr. J.-C., Palmyre juxtapose une ville ancienne au sud du wadi et les nouveaux quartiers de l'époque impériale au nord, où se situaient déjà les temples les plus en vue, ceux de Bêl (1), de Baalshamin (10), de Nabu (3) et d'Allat (12) qu'il fallut intégrer dans l'espace urbain nouveau. Le mur qui apparaît en quelques points à l'ouest, au nord et au sud, n'avait aucune fonction défensive et ne délimitait pas davantage la zone urbanisée, mais bornait l'espace fiscal de l'octroi municipal.

certaine protection contre les rôdeurs ou les voleurs, ne peut cependant être qualifié de rempart.

Lorsque arrivent les Romains au début du Ier siècle de notre ère, l'essentiel de la ville se trouve toujours au sud du wadi. Mais déjà des sanctuaires se dressent sur l'autre rive, à l'ouest (Allat), au nord (Baalshamin), à l'est (Bêl) en bordure de la palmeraie, de même que se développe un faubourg nord encore entrecoupé de tombes. Vers le tournant de l'ère, les Palmyréniens entreprennent la reconstruction à une échelle grandiose du principal sanctuaire de la ville, celui de Bêl, toujours orienté de manière à faire face à la ville hellénistique.

L'apparente harmonie du plan de la ville romaine tient à l'usage des colonnades qui masquent les irrégularités que révèle une vue aérienne. La grande rue (11) change à deux reprises d'orientation à la hauteur de l'arc monumental (2), puis à celle du tétrapyle (8). De part et d'autre de cette rue centrale se dressent le théâtre (5), le bouleutérion (6), le Césaréum (7) devant l'agora (9) et, plus tard, au IVe siècle, les thermes de Dioclétien (4). Les rues transversales, ornées de colonnades, s'articulent de façon à peu près orthogonale sur la rue principale.

La ville nouvelle

L'annexion de Palmyre à l'empire, en 19 de notre ère, se traduit à terme par un bouleversement complet de l'urbanisme de la ville, sans que l'on puisse fixer un point de départ précis aux transformations. Il ne faut pas imaginer que les Romains décident de construire *ex nihilo* un nouveau quartier de la ville. L'initiative revient sans aucun doute aux notables palmyréniens dans un souci de modernisation et de monumentalisation de la ville, comme cela se pratique partout en Syrie et en Asie Mineure, à partir de la fin du Ier siècle. On voit alors se développer un nouveau quartier au nord du wadi, là où se trouvent déjà plusieurs sanctuaires remarquables (Bêl, Nabu, Allat). Le nouveau quartier est peut-être planifié, mais en respectant les sanctuaires existants, et les axes de circulation.

La vue aérienne du site révèle l'alignement rigoureux du théâtre (à gauche de la colonnade) et des thermes de Dioclétien (plus bas, à droite) sur la rue principale. En revanche, le temple de Nabu (plus bas, à gauche), déjà construit, voit son enceinte être écornée dans l'angle nord-ouest, et son entrée monumentale, ouverte au sud, perdre sa raison d'être. Aux deux extrémités de ce tronçon de la grande colonnade, le tétrapyle avec ses quatre bases massives surmontées de quatre colonnes de granit rose, et le grand arc à trois baies sont à la charnière des autres parties de la rue et en masquent les ruptures d'orientation.

La grande colonnade côté ouest telle qu'elle apparaît ici peut être comparée à l'aquarelle de la double page 20-21. Dans l'ensemble, le dessin de Cassas est fidèle, mais on remarquera que les consoles sont situées en réalité plus haut sur les colonnes. Elles servaient à placer les statues de bronze des notables honorés par la cité et à graver le texte qui les accompagnait. Des arcades, comme celle située à mi-course de ce tronçon, donnent accès à des rues transversales et brisent la monotonie de l'alignement. Les colonnes qui bordent la rue ouvrent sur des portiques de 8 mètres de large qui permettent aux passants de se protéger des ardeurs du soleil ou de la pluie, et qui donnent accès à des boutiques ou à des monuments. Ce bel ordonnancement, commun aux villes d'Orient (Éphèse, Antioche, Apamée), commença à disparaître dès le IVe siècle lorsque les marchands, malgré les interdictions répétées, empiétèrent sur la rue. L'époque omeyyade voit l'aboutissement de ce processus, lorsque le souk investit la grande rue et que les portiques servent d'axes de circulation, tandis que des fabriques s'installent sur les thermes.

La construction de la grande colonnade fut très longue, puisque les premiers éléments datés situés à l'ouest remontent au début du IIe siècle, alors que le tronçon le plus à l'est, celui qui relie l'arc monumental aux propylées du sanctuaire de Bêl, est encore en construction au milieu du IIIe siècle. D'ailleurs, pour aller plus vite et, probablement, économiser sur le coût de construction, on modifie la manière de tailler la pierre. Alors qu'au début, on extrait les tambours de colonnes en prenant soin de respecter le fil de la pierre (le calcaire local est parcouru de fissures qu'il convient de placer horizontalement pour éviter les infiltrations), au IIIe siècle on dégage directement la colonne entière, sans se soucier du sens des fissures, ce qui a pour effet de la fragiliser.

Ce nouveau quartier abrite au sud de la grande rue divers édifices publics édifiés aux Ier et IIe siècles : l'agora marchande, le bouleutérion, le théâtre s'ajoutent au temple de Nabu dont le téménos est écorné. Les temples d'Allat et de Baalshamin sont reconstruits, modernisés. Ainsi, le sanctuaire de Baalshamin est rebâti en 130 grâce à la générosité de Malè Agrippa.

Au nord de la colonnade se situe plutôt un quartier d'habitations. Les archéologues polonais ont fouillé depuis une dizaine d'années plusieurs vastes maisons à péristyles richement décorées. Sans doute est-ce là, en bordure de la grande rue,

La pierre destinée aux constructions de Palmyre était extraite de carrières de calcaire (ci-dessus) situées à une vingtaine de kilomètres au nord de la ville. On peut encore y voir les fronts de taille, mais aussi des colonnes inachevées ou endommagées et des sarcophages abandonnés, ainsi que les cabanes qui servaient d'abris aux tailleurs de pierre.

Une multitude de fragments de stuc et de gypse (ci-contre, une tête d'homme barbu très expressive) ont été retrouvés dans de riches maisons de l'oasis et dans un édifice proche de la source Efqa, peut-être lieu de réunion de prêtres. Moulés, puis pourvus d'applications en relief, ces éléments constituaient le décor des murs intérieurs dont l'inspiration puise au répertoire de la tragédie grecque et de la mythologie.

Au nord de la grande rue se dressent encore les colonnes des maisons à péristyle des riches Palmyréniens, dont certains préféraient cependant les abords du temple de Bêl et la proximité de l'oasis. D'une superficie parfois supérieure à 1 000 m², ces maisons comportaient en général plusieurs cours bordées de pièces de réception et d'habitation. Elles restèrent intactes après la prise de Palmyre par Aurélien, et étaient encore occupées aux IXe et Xe siècles.

qu'il faut situer le palais de Zénobie, là où se dressèrent plus tard les bains dits de Dioclétien.

Ce décentrement de la ville vers le Nord n'entraîne pas pour autant l'abandon de l'ancienne ville hellénistique. Mais avec ses petites maisons, son absence de rue à colonnades, elle doit apparaître comme un vestige assez pauvre du passé, même s'il existe quelques édifices publics de quelque ampleur. En revanche, de grandes et belles maisons sont édifiées en bordure de l'oasis, à proximité et au nord du temple de Bêl, maisons qui ont livré de riches mosaïques datées pour certaines du milieu du IIIe siècle.

Cette reconstitution vue depuis l'est montre les quartiers des IIe et IIIe siècles avec le rempart plus tardif, et sans le quartier hellénistique encore actif.

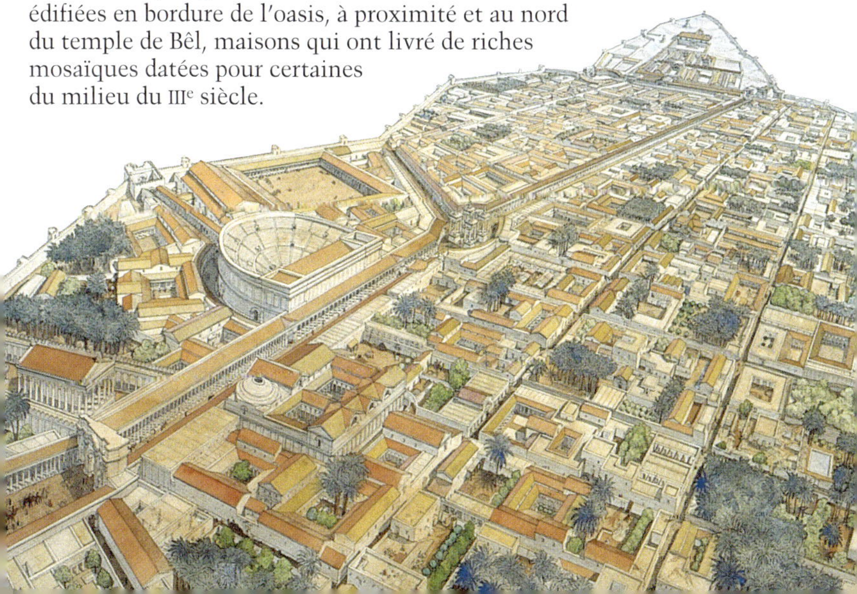

Palmyre se donne ainsi l'allure générale d'une ville provinciale de la partie orientale de l'empire, par le décor architectural (colonnades, sanctuaires d'apparence extérieure gréco-romaine), par le mobilier urbain (les statues, les inscriptions monumentales), par la nature même des édifices (thermes, théâtre, bouleutérion, et sans doute un ou plusieurs gymnases non retrouvés, mais il existe un gymnasiarque). Cependant l'examen attentif des sanctuaires révèle le caractère très composite des édifices.

Le sanctuaire de Bêl

Dans son état actuel, le temple de Bêl date des Ier et IIe siècles. La date de consécration est connue avec précision grâce à une inscription, « 6 Nisan [avril] 32 », mais la construction avait été entreprise plus tôt puisque des inscriptions mentionnent des dons en sa faveur dès 17, et elle se poursuivit longtemps après puisque l'immense cour à portiques qui encadre le temple fut nivelée après 50, le nouveau péristyle de la cella dressé vers 80 et les portiques du téménos achevés sous le règne d'Hadrien. Mais le sanctuaire

Le temple de Bêl (ci-dessus), situé à la lisière ouest de l'oasis, couvre un espace de près de 4 hectares, délimité par une enceinte achevée au IIe siècle. Comme la plupart des grands sanctuaires du Proche-Orient, le temple proprement dit (ci-contre) se dresse au milieu d'un enclos sacré, le téménos (maquette, à droite) – ce que les Évangiles nomment les « parvis » du Temple à Jérusalem –, qui comporte une foule d'installations nécessaires au culte.

Le téménos abrite bassins de purification, citernes, autel des sacrifices, sacristies, magasins, oratoires dédiés à des dieux secondaires, et sans doute les étals temporaires des marchands qui fournissent aux fidèles des offrandes pour les dieux. Tandis que la plupart des sanctuaires se contentent d'un simple mur d'enceinte sans décor, les Palmyréniens ont élevé ici un mur orné de pilastres (comme au sanctuaire de Zeus à Damas) et l'ont doublé de portiques à l'intérieur, où les fidèles trouvent un peu d'ombre et de fraîcheur, près des statues dédiées aux prêtres et aux généreux donateurs. Des propylées monumentaux, face à la ville, donnent accès au sanctuaire, là où se dresse aujourd'hui un bastion érigé en 1132. L'ensemble du sanctuaire combine décor gréco-romain (colonnes) et éléments indigènes (plan, merlons de la toiture).

semble avoir eu de vastes dimensions dès l'époque hellénistique, et la reconstruction du Ier siècle, décidée par les autorités locales seules, visait sans doute plus à moderniser le temple et à lui donner de l'éclat qu'à le promouvoir au-dessus des autres.

Les théories qui suggéraient une puissante intervention impériale dans le processus sont sans fondement, d'une part parce que le début de la reconstruction est sûrement antérieur à l'annexion de 19, et d'autre part parce qu'aucune inscription ne mentionne la bienveillance impériale, ce qui n'aurait pas manqué d'être signalé si celle-ci s'était manifestée. En revanche, les fidèles ne manquèrent pas de financer divers aménagements sacrés, selon un procédé que l'on retrouve ailleurs au Proche-Orient, notamment à Gérasa et à Damas.

Le sanctuaire offre l'aménagement classique d'un sanctuaire syrien, avec une cella placée au centre d'un vaste espace sacré (téménos) clos de murs (doublé ici de portiques à colonnades). Vu de façon superficielle, la cella pourrait donner l'illusion

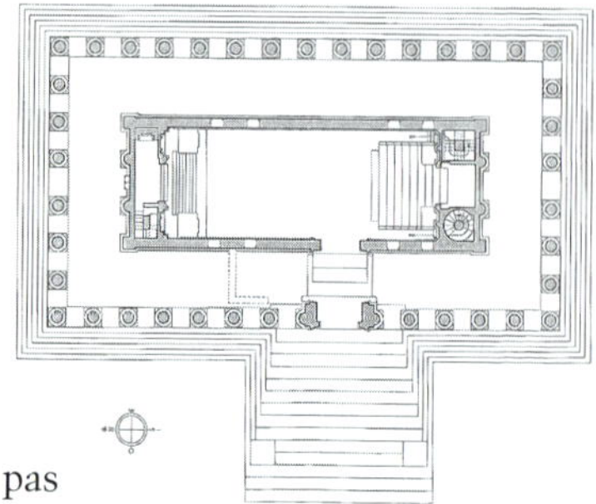

La cella du temple, dressée sur un socle peu élevé (plan ci-dessus), abritait les statues de Bêl et d'Astarté, dans deux hautes niches (ci-dessous), les *thalamoi*, se faisant face sur chacun des petits côtés.

d'un banal temple imité des temples grecs de la même époque : une colonnade à chapiteaux corinthiens entoure une cella rectangulaire. Mais le décor gréco-romain cohabite avec des éléments qui lui sont étrangers, comme le toit plat bordé de merlons. Surtout, l'aménagement du temple est complètement différent de celui des sanctuaires grecs. L'intérieur offre en effet deux vastes niches placées en hauteur, qui se répondent sur les deux petits côtés, l'une dédiée à Bêl, l'autre à Astarté. L'entrée, placée sur un long côté, est encadrée par une sorte de vestibule orné de poutres sculptées où étaient représentées des scènes rituelles. La mieux conservée montre une procession que suivent hommes et femmes, dont trois femmes entièrement voilées.

Un escalier placé à l'angle de la cella permettait de gagner le toit du temple où se déroulaient certaines cérémonies, rituel attesté dans de nombreux temples de Syrie. Les niches servaient de reposoir pour les statues du culte. Les plafonds richement décorés (ci-dessus, celui de la niche sud, celle d'Astarté) ajoutent à la richesse décorative de l'ensemble, que certains historiens de l'art n'ont pas hésité à qualifier de « baroque syrien », manière de souligner le goût des architectes et sculpteurs locaux pour la surcharge, ce qu'attestent entre autres les temples de Baalbek.

Les autres sanctuaires

Deux inscriptions datées de 132 et 144 mentionnent quatre sanctuaires correspondant aux quatre tribus civiques, même si les deux listes ne coïncident pas exactement. Le « Bois sacré », lieu de culte d'Aglibôl et de Malakbêl, appartient à la tribu des Bene Komare, le sanctuaire d'Arsu à celle des Bene Mattabol, celui d'Atargatis à celle des Bene Mita (le nom est douteux), les temples de Baalshamin et d'Allat (le nom change entre les deux inscriptions) à celle des Bene Ma'ziyan.

Ni le Bois sacré, ni le sanctuaire d'Atargatis ne sont localisés. Celui d'Arsu se situait sans doute près de l'agora, en un point d'où proviennent plusieurs inscriptions en l'honneur du dieu.

En revanche, on connaît bien les temples de Baalshamin et d'Allat, tous deux fouillés de façon approfondie.

Le sanctuaire de Baalshamin, dans la partie nord de la ville, est associé à de vastes cours situées sur les côtés du temple lui-même. Celui-ci se présente comme un petit édifice prostyle (doté d'un porche à colonnes) d'allure évidemment très gréco-romaine puisqu'il fut (re)construit en 130. Mais l'intérieur n'a rien de gréco-romain. En effet, le temple abrite une structure plus ancienne, une sorte de dais sous lequel trône un bas-relief du dieu. Et les constructeurs n'ont pas hésité à réutiliser des éléments du temple plus ancien dans la construction nouvelle.

Le temple d'Allat, à l'extrémité ouest de la ville, le long de la « colonnade transversale », était considéré depuis longtemps comme le temple des « dieux arabes », avant qu'une fouille polonaise en 1974-1975 n'en précise la principale destinataire : Allat est désignée comme la « Dame du temple » dans une inscription de 114. Le temple existe depuis le Ier siècle av. J.-C. au moins, et sans doute plus tôt,

Le petit sanctuaire de Baalshamin est de taille très modeste, mais les vastes cours qui l'entouraient, avec leurs portiques dont il subsiste une grande partie de la colonnade, lui conféraient néanmoins un aspect monumental. Il devait se remarquer facilement dans ce quartier d'habitation, au nord de la ville romaine.

mais il fut rénové par étapes pour prendre l'allure d'un temple grec. Cependant, les aménagements intérieurs tranchent avec ceux d'un temple grec. On commença par élever des portiques dans les cours qui entourent la chapelle de la déesse, à partir du milieu du Ier siècle apr. J.-C. Puis au milieu du IIe siècle, un certain Taimarsu fit recouvrir la chapelle ancienne par une vaste cella, sur le modèle d'un temple grec. Le souci de respecter la chapelle d'Allat obligea à descendre quelques marches pour entrer dans le temple. On importa alors l'Athéna Parthenos qui servit de nouvelle statue de culte en remplacement de la statue ancienne, une Allat en ronde bosse entre deux lions. Et on dota l'entrée du téménos d'une entrée monumentale.

Maître du ciel, d'où proviennent la pluie et la rosée, le phénicien Baalshamin, sans doute introduit à Palmyre par les éléments arabes de la population, est un dieu de la fertilité, dispensateur des bonnes récoltes (on le représente volontiers avec une corne d'abondance). Sa statue assise se dressait au fond de l'abside encadrée par des massifs de colonnes, et restait le plus souvent cachée derrière un rideau (ci-contre, l'abside dans son état actuel; ci-dessus, une restitution). Assimilé normalement à Zeus, comme roi des dieux, il voisinait à Palmyre avec d'autres dieux phéniciens, comme Astarté, elle aussi liée à la fertilité, le dieu guérisseur Shadrafa (accompagné de ses serpents) ou le guerrier Reshef. Mais les fidèles honoraient aussi bien en son temple d'autres divinités indigènes, comme les dieux protecteurs des tribus, les Gad.

Des dieux omniprésents

À Palmyre, les dieux sont partout. Outre les quatre sanctuaires principaux encadrant la ville romaine, il en existait d'autres qu'il reste à découvrir et à fouiller. Les inscriptions, les tessères, les reliefs ont fait connaître une soixantaine de divinités honorées dans l'oasis, et fourni l'image de beaucoup d'entre elles. Toutes ne revêtent pas la même importance, mais toutes révèlent quelque chose de la culture de Palmyre, de ses composantes ethniques et de ses pratiques religieuses.

Le panthéon de Palmyre – formule incorrecte car il n'existe aucune organisation d'ensemble sur le type du panthéon grec ou romain – réunit des dieux d'origines extrêmement diverses. Quelques-uns sont propres à Palmyre même ou à sa région. Ainsi, à l'origine, le dieu majeur semble avoir été un dieu Bôl, qui n'est pas attesté comme tel, mais dont le nom entre dans la composition de certains de ses acolytes, Yahribôl (« le seigneur de la source »), le dieu lune Aglibôl (« le veau de Bôl »), Bôlastor, et surtout dans l'onomastique des Palmyréniens où de nombreux

Sur les bas-reliefs, les dieux, alignés comme à la parade, s'offrent à la vénération des fidèles. Ci-dessous, une curieuse association de quatre divinités : de droite à gauche, Malakbêl, Aglibôl et son croissant de lune, la déesse Astarté vêtue d'une longue robe et d'un manteau, et enfin un Héraclès musculeux, nu – ce qui est plutôt rare à Palmyre – portant sa massue et la peau du lion de Némée.

Ci-dessus, l'aigle de Baalshamin étend ses ailes au-dessus de l'étoile du soir et de celle du matin tandis que de la ligne d'horizon émergent Aglibôl à gauche, Malakbêl à droite.

noms propres sont composés sur l'élément divin Bôl. Mais le dieu fut assez vite assimilé au Bêl babylonien, que les marchands palmyréniens avaient dû rencontrer dans leurs voyages. Un autre de ses acolytes porte la marque de ce changement de nom, Malakbêl, « l'ange de Bêl », son messager. D'autres dieux locaux subsistent, tel Arsu, certains dieux cavaliers (Abgal, Ashar, Maan) ou méharistes (Saad), près des lieux de pâture des troupeaux, les déesses Manawat (une Fortune) et Herta, et de nombreux Gad, génies locaux ou tribaux.

Mais Palmyre abrite aussi des dieux qu'elle partage avec d'autres. Dieux de Mésopotamie, comme Bêl, Nabu, le dieu-scribe de Babylone, Shamash, le dieu soleil, Nergal. De Syrie viennent la phénicienne Astarté, Atargatis, Baalshamin, Reshef, Shadrafa. Plus proprement arabe enfin, on peut nommer la grande déesse Allat. Tous semblent honorés indifféremment par les diverses composantes de la population. Tout au plus peut-on penser que la présence de certains dans l'oasis remonte très haut alors que d'autres sont arrivés plus récemment : l'édification des sanctuaires d'Allat et de Baalshamin au nord du wadi, dans une zone qui ne fut urbanisée que tardivement, peut traduire une installation relativement récente par rapport à Bêl, placé au contact de la ville la plus ancienne et des jardins de l'oasis.

La déesse Allat (ci-dessus, sur un autel à encens provenant du temple de Baalshamin), assise sur son trône, la tête voilée, vêtue d'une tunique à larges manches, une palme appuyée sur l'épaule, est souvent accompagnée d'un lion, qui la désigne comme maîtresse des animaux sauvages.

Trois grands cercles divins (Bêl, Allat, Nabu)

Tous ces dieux ne peuvent être mis sur le même plan et l'on a cherché à les différencier en fonction de leur popularité. Il faut aussi repérer les dieux civiques par excellence – les dieux de tous les Palmyréniens –, les

dieux réservés à une tribu, voire à une famille, ou encore ceux qui ne font l'objet que d'un culte privé et ponctuel de la part de tel ou tel individu. La tâche est presque impossible dans le détail, mais on peut néanmoins faire quelques observations d'ensemble.

D'abord, la prépondérance de Bêl ne peut faire de doute. Le plus grand sanctuaire de la ville lui est dédié et c'est sous ce nom qu'il est déjà connu dans l'Antiquité. Mais Bêl n'est pas seul dans son temple, qu'une inscription nomme « temple des dieux des Palmyréniens ». Non seulement, en effet, Bêl est entouré de ses acolytes traditionnels, Yahribôl, le dieu de la source Efqa, et Aglibôl le dieu lune, mais, dans le courant du Ier siècle, quelques dizaines d'années après qu'eut été construit le grandiose temple actuel, celui-ci fut réaménagé pour faire place à Astarté. L'entrée du temple, située sur le petit côté sud, fut remplacée par une niche cultuelle faisant face à celle de Bêl au nord, tandis que l'entrée était déplacée sur un long côté du temple. Schéma architectural sans autre exemple à Palmyre. En outre, nombre d'autres dieux trouvent leur place dans l'enceinte du sanctuaire en plus des quatre déjà mentionnés, Bôlastor, Bêl-Amon, Malakbêl et un Héraclès qui est sans doute la dénomination grecque de Reshef, les déesses Manawat, Herta, Nanai : la mention de « temple des dieux des Palmyréniens » se justifie pleinement.

Mais le phénomène n'est pas propre à ce sanctuaire : le temple dit de Baalshamin accueille aussi des dédicaces à Durahlun, Rahim et au Gad (c'est-à-dire la Fortune). Le temple d'Allat abrite aussi Shamash et Rahim, et un fidèle peut, en 137, y faire des offrandes à Allat, ainsi qu'à Bêl, Yarhibôl, Aglibôl, Astarté, Baalshamin, Durhalun et Bêlti. Au temple de Nabu, plusieurs dieux mésopotamiens sont honorés. Il faut donc imaginer des « complexes » sacrés, placés sous le nom d'un dieu principal, mais qui abritent tous les dieux que les fidèles veulent bien y honorer comme dans les temples indiens d'aujourd'hui. À défaut d'une stricte spécialisation, il se constituait trois grands cercles divins, un de dieux indigènes et syriens autour de Bêl, un de dieux arabes autour d'Allat, un autre encore de dieux mésopotamiens autour de Nabu, les uns et les autres sans exclusive.

Bêl semble former souvent une triade avec Yarhibôl et Aglibôl, mais cette organisation n'est pas constante et il arrive que Malakbêl remplace Yarhibôl. Sur une fresque de Doura-Europos, où le centurion d'une unité militaire palmyrénienne offre un sacrifice à des dieux de Palmyre, la triade semble constituée d'Aglibôl, Yarhibôl et sans doute Arsu, Bêl étant absent. Sur un relief célèbre montrant trois dieux en costume militaire romain, Baalshamin est encadré par deux dieux radiés, Aglibôl et Malakbêl. Une triade figure sur quelques

Le plus célèbre relief de Palmyre (ci-dessous), conservé au Louvre, réunit Baalshamin au centre, flanqué d'Aglibôl à sa droite et de Malakbêl à sa gauche, tous représentés en habit militaire. La tradition peut être ancienne car, dans le village de Bet Pasiel, en Palmyrène, six génies sont équipés d'une lance et d'un petit bouclier rond à la mode indigène. Mais ici, les dieux portent l'équipement classique d'un soldat romain : tunique de lin au-dessous d'une cuirasse à lambrequins, chlamyde (*lacerna*) retenue par une fibule sur l'épaule, glaive au côté ; seul Baalshamin conserve au-dessous un pantalon dont on devine les plis. Son caractère divin est signalé par le bonnet cylindrique, le *polos*, entouré d'une bandelette flottante. Ce type de costume soulignait la puissance des dieux, leur caractère protecteur des hommes et du territoire de la cité, et visait à rassurer la population face aux dangers qui la guettaient. Dans la niche de son temple, Bêl aussi trônait entouré de ses acolytes Aglibôl et Yarhibôl, association plus traditionnelle des dieux de l'oasis, mais non moins armés d'épées et de lances.

Le plafond de la niche cultuelle de Bêl (ci-contre dessiné par Borra en 1751) porte au centre un zodiaque très endommagé, cernant les bustes de six dieux entourant celui de Bêl.

Découverte un peu au sud du sanctuaire de Nabu, la déesse au chien (début du Ier siècle apr. J.-C.), assise sur un fauteuil où repose un aigle figurant le dieu Bêl, est flanquée d'une Tychè, image traditionnelle de la Fortune de la ville avec sa couronne crénelée; sous ses pieds, l'image d'un vaincu. Selon la meilleure hypothèse, elle figurerait la déesse Herta, d'origine babylonienne, parfois associée à Bêl sur les tessères.

rares monnaies civiques, documents officiels de la cité, et il semble s'agir de Bêl, Aglibôl et Yarhibôl. Mais les exemples mentionnés plus haut montrent que chacun pouvait sans doute organiser le panthéon à sa guise.

On ignore les hiérarchies divines établies par les prêtres, s'il en existe, mais la suprématie de Bêl semble assurée non seulement par la monumentalité de son temple, mais aussi par la représentation d'un zodiaque au plafond de la niche cultuelle qui lui est consacrée. Six divinités astrales entourent une divinité majeure, Bêl, représenté en Jupiter. Autour de lui, Mars/Arsu, Hélios/Yarhibôl, Mercure/Nabu, Saturne/Malakbêl, un dieu lune/Aglibôl et Vénus/Atargatis. On devine un réel effort théologique, sans savoir s'il s'agit d'une tradition reconnue, ou simplement d'une spéculation des prêtres de Bêl sans fondements mythologiques précis.

Syncrétisme panthéiste et avatars divins

Grecs et Romains avaient pour habitude de rechercher chez les dieux étrangers des correspondances fondées sur les fonctions divines, des éléments de mythologie ou des modes de représentation. Ainsi tout dieu solaire devenait un Hélios, tout maître du panthéon un Zeus, etc. On voit à Palmyre les effets de ce processus. On a mentionné plus haut comment sept divinités locales étaient représentées au plafond de la niche cultuelle de Bêl : Bêl y est clairement assimilé à Jupiter/Zeus, ce qui souligne la prééminence de ce dieu dans le panthéon de la ville. Mais dans la dédicace bilingue dressée en 130 par Malè Agrippa, le texte grec porte le nom de Zeus là où le palmyrénien conserve celui de Baalshamin. Les équivalences pouvaient donc être multiples : une inscription isolée assimile Allat à Artémis, alors que celle-ci recouvre généralement Nanai, et qu'Allat se nomme Athéna. Depuis, les fouilles polonaises du sanctuaire d'Allat ont mis au jour une statue de la divinité qui se veut une réplique très stricte d'une Athéna Parthenos d'époque classique, sans doute importée d'Asie Mineure (le marbre semble en provenir) pour servir de statue de culte. Il est vrai qu'Allat ne bénéficiait d'aucune tradition iconographique propre puisque, selon l'usage qu'on observe en Arabie et chez les Nabatéens, les dieux ne sont pas représentés avant l'époque gréco-romaine. Dans un sanctuaire de type grec, il était normal d'emprunter une représentation d'Allat à son *alter ego* grecque. Le dieu Gad, dieu protecteur du groupe, fut assimilé à la Tychè, la « Fortune », représentée sous les traits classiques d'une femme portant une couronne crénelée.

Le dieu-scribe Nabu, fils de Bêl, fut assimilé le plus souvent à Apollon, comme joueur de lyre, alors qu'on attend Hermès/Mercure ; mais Apollon se trouve aussi assimilé à Reshef ou à Shadrafa. Quant à l'équivalence entre Arsu et Arès, elle ne repose sur rien d'autre qu'une homophonie des noms, comme celle entre Herta et Héra.

Déesse de la guerre chez les Arabes, Allat emprunte ici les traits d'une Athéna casquée et la lance à la main, selon le modèle classique inventé par Phidias pour l'Acropole d'Athènes.

Mais le phénomène possède ses limites. D'abord, les fidèles peuvent nommer le dieu sous son nom grec dans la version grecque d'une dédicace, et sous son nom sémitique dans la version palmyrénienne. Surtout, beaucoup de dieux de Palmyre conservèrent leur nom. C'est le cas pour les dieux propres à l'oasis, et nombre de dieux mineurs pour lesquels nul ne songea ou ne réussit à trouver des équivalences : Yarhibôl, Aglibôl, Malakbêl, Manawat, Atargatis, Bôlastor, Bêl-Amon, Bêlti conservèrent sinon leur image – on ignore leurs représentations anciennes lorsqu'ils en possédaient – du moins leur nom.

Rites

En l'absence de textes (sauf fragmentaires) rendant compte de loi sacrée, de prières, de mythes, il est bien difficile de dire ce qu'étaient les cérémonies en

Dans le sanctuaire des dieux palmyréniens à Doura-Europos, de belles fresques représentent des scènes de sacrifices. Exécutée à la fin du Ier siècle apr. J.-C., celle du prêtre Conon le montre, entouré de sa famille, en train de répandre des grains d'encens sur un brûle-parfum en bronze ; on notera les bonnets pointus des prêtres, la coiffure chargée de bijoux de l'épouse, typique des bustes funéraires de Palmyre, les vêtements à bandes colorées des autres assistants.

Si les sacrifices sanglants sont bien attestés, ce sont plutôt les offrandes d'autre nature qui sont le plus souvent représentées sur les bas-reliefs : libations de lait, d'huile, de miel ou de vin. Ci-contre, un dieu en habit militaire, sculpté sur l'une des poutres placées à l'entrée du temple de Bêl, offre des fruits (grenades et pommes de pin). Sur ce devant de sarcophage (détail ci-dessous), deux personnages en habit romain versent un liquide sur un pyrée d'où monte une flamme. À l'arrière-plan sur un pilier, on remarque leurs calathoi couronnés qui les désignent comme des prêtres.

l'honneur des dieux. L'aménagement des temples, les représentations figurées et les découvertes de matériel du culte suggèrent néanmoins quelques pistes de réflexion.

Les temples sont organisés autour d'une représentation divine, généralement en bas relief (seul le sanctuaire d'Allat abrite une statue en ronde bosse), ce qui exclut un service du dieu (le laver, l'habiller) comme s'il était un être vivant. Le rite principal semble avoir été l'offrande d'encens, sur des petits autels bas aménagés à cet effet, des pyrées portatifs que l'on voit souvent représentés sur les bas-reliefs. Mais on pouvait aussi faire des libations, offrir des fruits, procéder à des sacrifices d'animaux sur les autels monumentaux qui se dressent dans la cour des temples. On procédait même à un holocauste, la crémation complète de l'offrande, lors de l'anniversaire

de l'inauguration du temple de Bêl, le 6 Nisan (avril), correspondant à la fête babylonienne du Nouvel An (Akitu). La mention de lits, des offrandes de coussins invitent également à imaginer des hiérogamies, des mariages sacrés. Enfin, les reliefs du temple de Bêl montrent une procession, ce qui devait constituer un autre élément du culte des dieux palmyréniens.

Mais l'un des rites les mieux attestés est celui du banquet. Plus de mille deux cents tessères – des jetons portant les images, parfois le nom de dieux – ont été retrouvées à Palmyre. Elles donnaient accès aux banquets qui se déroulaient dans les salles aménagées au sein des sanctuaires, parfois dans la cella même du temple (Allat). C'était l'occasion pour les fidèles d'entrer en communion avec le dieu.

Le banquet était organisé par une confrérie, *marzeha*, dont la plus prestigieuse et la mieux attestée reste celle des prêtres de Bêl. D'ailleurs les prêtres tiennent une place de premier plan dans la société palmyrénienne, reconnaissables à leur coiffure particulière, le *calathos*, une sorte de mortier.

Le chef des prêtres de Bêl, le symposiarque

Sur une poutre du vestibule du temple de Bêl (ci-dessous) trois femmes ferment la procession dont l'élément principal semble bien être un chameau portant un palanquin où doivent être cachés des images ou des symboles divins; les femmes voilées sont juste esquissées, selon un procédé de linéarité attesté aussi au temple d'Allat. On ne sait s'il s'agit d'une procession régulière, ou d'une cérémonie exceptionnelle lors de l'installation d'un nouveau dieu ou d'une nouvelle déesse dans le sanctuaire de Bêl. Une seule inscription mentionne le siège portable, recouvert d'argent d'un obscur dieu, Bôrroaônos.

Parmi les rites les mieux attestés figurent les banquets, banquets funéraires parfois, mais surtout banquets des confréries de prêtres. Ce relief (fin du Ier siècle apr. J.-C.) provenant du temple de Nabu (ci-contre) représente trois prêtres d'une même famille, père, fils et petit-fils, soulignant le caractère largement héréditaire des fonctions. Célébrés dans les annexes des temples – on y a retrouvé quelques salles à banquettes qui devaient servir à ces réunions –, les banquets étaient ouverts à ceux qui pouvaient présenter un jeton d'admission, une tessère. Celles-ci

portaient des symboles divins, des images (ci-dessus, une représentation de la Tychè de Palmyre, reconnaissable à sa couronne crénelée, assise et une palme à la main), parfois aussi une inscription qui indique à quel dieu (ou quels dieux) était consacré le banquet.

– « chef du banquet » – élu chaque année, organise le culte du dieu, distribue le vin, préside aux rites sacrés. La fonction est si prestigieuse que ceux qui l'ont occupée ne mentionnent dans les inscriptions en leur honneur pratiquement aucune autre fonction civique.

D'une manière générale, la vie religieuse fut peu affectée par les influences gréco-romaines. Le vocabulaire reste entièrement sémitique alors que celui des institutions politiques s'était hellénisé. Certes, les équivalences divines introduisent une nomenclature grecque des dieux, parfois une iconographie étrangère aux traditions indigènes, mais il ne fait aucun doute que pour les fidèles, les dieux n'avaient pas changé et continuaient à veiller sur eux comme ils l'avaient toujours fait.

Une foule bigarrée de marchands, de chameliers, de soldats et d'agents du fisc se pressent dans la ville et dans les caravansérails installés à quelque distance de l'oasis, tandis qu'affluent les produits venus de Mésopotamie, d'Inde ou de Chine, qu'achèteront à prix d'or tout ce que l'empire compte de riches notables.

CHAPITRE 4

LE PORT DU DÉSERT

Intimement liés à la prospérité de l'oasis, les chameaux sont même représentés dans les tombes aux côtés de leurs propriétaires (ci-contre et en bas, à gauche). Utilisés pour les grandes traversées du désert, ils servent aussi au transport de proximité dont l'octroi municipal (à gauche) détaille les taxes et contributions diverses, perçues sur tout ce qui entre et sort de la ville.

L'organisation du commerce

À mi-chemin entre la Méditerranée et l'Euphrate, sur la route la plus directe sinon la plus facile, Palmyre doit sa fortune à sa capacité à exploiter cet avantage. Grâce aux oasis secondaires, aux pâturages des massifs situés au nord qui fournissent, en raison de leur altitude, de quoi nourrir les troupeaux presque toute l'année, les Palmyréniens ont pu développer l'élevage des chevaux et des chameaux, condition *sine qua non* pour que le commerce à longue distance emprunte la route de Palmyre. C'est là que les chameaux au repos étaient « mis au vert » dans des zones herbues au nord-ouest de Palmyre, propriétés des chameliers.

Le commerce de Palmyre remonte sans doute loin dans le temps et ce n'est pas un hasard si le plus ancien texte relatif à des Palmyréniens provient des archives assyriennes du comptoir marchand de Kanesh. Mais, à dire vrai, la documentation exploitable date tout entière de l'époque romaine, entre le Ier et le IIIe siècle de notre ère, époque pour laquelle nombre d'inscriptions permettent de mettre en évidence les grands traits de l'organisation du commerce qui transite par Palmyre.

Les Palmyréniens sont d'abord des entrepreneurs de transport, avant d'être eux-mêmes des marchands.

La traversée du désert vers la Mésopotamie nécessitait des haltes près des puits et des citernes comme celle-ci, dont seule une étroite bouche au ras du sol révèle la présence. Le dessin de Cassas (ci-dessous) donne une idée de ce que devaient être dans l'Antiquité ces immenses caravanes d'hommes et de chameaux qui, une ou plusieurs fois par an, revenaient ou partaient vers l'Euphrate et le golfe Persique.

Une foule bigarrée de commerçants originaires d'un peu partout se pressait sans doute à Palmyre pour faire des affaires. Certains se contentaient de venir acheter les produits précieux qui arrivaient de l'est, sans chercher à aller eux-mêmes aux sources d'approvisionnement plus lointaines. Mais d'autres trouvaient à Palmyre les moyens de transport et la protection indispensables à une longue traversée du désert. Une inscription de 19 apr. J.-C. est dédiée par des marchands palmyréniens et grecs revenus (ou originaires) de Séleucie du Tigre.

Les inscriptions dites « caravanières » fournissent à ce sujet des renseignements précieux quoique insuffisants. On y apprend que les Palmyréniens organisaient les caravanes qui se rendaient en Mésopotamie, nommant un chef de caravane – *synodiarchès* – qui avait la responsabilité du voyage. C'est sans doute lui qui surveillait les préparatifs, décidait de la route et des étapes, négociait le passage avec les Bédouins le cas échéant, faisait régner l'ordre au sein de cette troupe composite. Nul doute que les possesseurs de grands

Si Palmyre accumule les richesses grâce à un fructueux trafic de marchandises à forte plus-value, l'oasis même n'a guère que ses fruits et quelques produits agricoles à vendre à l'extérieur comme les peaux,

les toisons, la graisse, l'huile parfumée, et aussi le sel du désert évoqués dans le « Tarif de Palmyre ». On apprend aussi que des taxes étaient prélevées sur les ventes d'esclaves et les prostituées.

troupeaux de chameaux fournissaient les moyens de transport et trouvaient là une source de revenus non négligeable.

Caravanes du désert

La caravane était accompagnée d'une escorte prélevée sur les troupes palmyréniennes, car le voyage n'était pas sans danger. Plusieurs inscriptions mentionnent les difficultés rencontrées. Ainsi, un texte du règne d'Hadrien (117-138) honore Bôliadès qui a assisté les caravanes, les marchands et ses concitoyens de Vologésias « dans des circonstances critiques ». Un texte d'avril 193 honore Thaimarsu qui a fait économiser au chef de caravanes et aux marchands qui revenaient avec lui de Spasinou Charax, à l'embouchure de l'Euphrate, « 300 deniers d'or ancien poids », peut-être en payant lui-même, après négociation, la liberté de passage auprès des Bédouins. Car ceux-ci peuvent tenter d'interrompre le trafic ou de piller les caravanes : une inscription de 199 félicite un stratège des troupes palmyréniennes pour avoir lutté contre les nomades et « toujours procuré la sécurité aux marchands et aux caravaniers lors de ses commandements de caravanes ».

Ce chameau, tout harnaché avec sa haute selle posée sur une housse brodée et recouverte d'une peau de mouton, est prêt au départ. Son conducteur est armé d'une lance et le chef de la caravane (à droite) tient une épée, tandis qu'un bouclier pend à l'arçon de la selle. La caravane devait être défendue contre les éventuels pillards du désert.

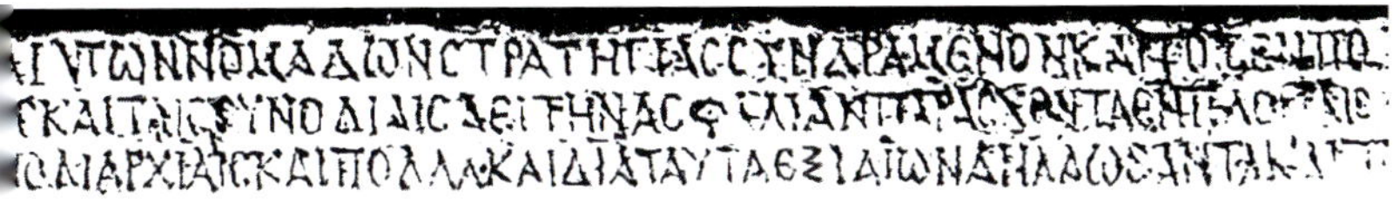

C'est presque uniquement par les inscriptions que l'on connaît le fonctionnement des caravanes. Exemple : ce texte bilingue provenant de l'agora.

« Décret du conseil et du peuple. Les quatre tribus ont dressé les statues d'Ogeilô, fils de Maqqai, fils d'Ogeilô, fils de Seviras, à cause de tout son mérite et de son courage, et qui les a assistées par ses nombreux commandements militaires [stratégia] contre les nomades ; qui a toujours procuré la sécurité aux marchands et aux caravaniers lors de ses commandements de caravanes, qui a dépensé de grosses sommes sur sa fortune personnelle pour cela ; qui a conduit ses activités civiques avec éclat et gloire, en son honneur l'an 510 [199 apr. J.-C.]. »

On ignore à la fois l'importance numérique et le rythme de ces caravanes. En envoyait-on une seule ou plusieurs par an ? À des dates fixes ou au gré de la demande ? Les conditions climatiques ne sont pas telles que le désert fût infréquentable en été. Mais les inscriptions caravanières retrouvées, qui en général célèbrent le retour de la caravane, sont datées pour la plupart entre octobre et avril, comme si le commerce avait lieu principalement entre l'automne et le début du printemps.

Aucun texte de Palmyre ne fait la moindre allusion à ce qui se passe à l'ouest, comme si le transport des marchandises entre Palmyre, les villes de Syrie et les ports de Méditerranée était hors de la compétence des caravaniers de l'oasis. Pourtant il restait 150 kilomètres à travers le désert et la steppe avant d'arriver à Émèse, et les marchands avaient sûrement besoin de guides pour les franchir. Mais, à l'évidence, ce qui relève des Palmyréniens, c'est la traversée du désert de l'Est, jusqu'à l'Euphrate et, au-delà, jusqu'au golfe Persique.

Relais et comptoirs palmyréniens

Les Palmyréniens disposent de relais sur cette longue route. Anat et Gamla, sur le moyen Euphrate, ne sont que des fortins fréquentés par les troupes palmyréniennes. Mais il existe aussi des lieux que l'on peut considérer comme des comptoirs commerciaux. Curieusement, on est mal renseigné sur le rôle de Doura-Europos, située au point où la route directe de Palmyre rejoint l'Euphrate. On sait que les Palmyréniens y sont nombreux, que les dieux de Palmyre y sont honorés, mais la documentation date principalement du IIIe siècle, c'est-à-dire de l'époque où Rome y a installé une unité militaire recrutée à Palmyre. On ne peut donc en déduire que des marchands palmyréniens y servaient de relais aux caravanes qui allaient vers la grande oasis ou en revenaient. Les vrais « comptoirs » palmyréniens attestés par les inscriptions caravanières se situent beaucoup plus au sud, en Babylonie. Deux d'entre eux semblent avoir joué un rôle prépondérant. Vologésias, près de Babylone bien qu'on ne puisse le localiser exactement, abritait une colonie de Palmyréniens qui étaient en étroite relation avec Palmyre : ils y faisaient des offrandes ; ils sont mentionnés dans le décret de la cité honorant de huit statues Soados fils de Bôliadès, qui avait construit à Vologésias un sanctuaire du culte impérial. Spasinou Charax, plus au sud, sur les bords du golfe Persique, est mentionné dans de nombreuses inscriptions comme le lieu d'où « montent » les caravanes ; lui aussi abritait une colonie palmyrénienne qui est en relation avec sa ville d'origine : c'est à Palmyre qu'elle honore, en 131, Iahrai fils de Nébouzabad, satrape de Bahreïn pour le compte du roi de Characène. Mais des textes de Palmyre font aussi allusion aux marchands de Séleucie du Tigre, de Babylone, de Phorat (sur le golfe Persique).

Une communauté palmyrénienne était déjà installée à Doura-Europos avant l'intégration de celle-ci dans l'Empire romain.

Une des portes de la ville porte le nom de Palmyre et un temple des dieux palmyréniens y a été retrouvé. Les Palmyréniens y jouaient peut-être un rôle économique quand la route des caravanes de l'Euphrate passait encore par Doura. Au IIIe siècle, Rome y installa une cohorte auxiliaire recrutée à Palmyre.

Un commerce par intermédiaires

Les caravanes s'arrêtaient à Phorat, mais on sait que des Palmyréniens s'embarquaient alors pour des voyages plus lointains. Un relief funéraire de Palmyre du milieu du IIIe siècle représente un bateau, et une inscription de 157 mentionne explicitement les « marchands revenus de Scythie sur le bateau de Honainu », un Palmyrénien. Cette « Scythie »

Sous l'Empire, les comptoirs palmyréniens étaient principalement établis le long de l'Euphrate (Babylone, Vologésias), et en basse Mésopotamie (Spasinou Charax, Phorat). Bien implantés, et parfois hommes de confiance des rois locaux dont ils étaient les agents, les marchands palmyréniens y réceptionnaient et y stockaient les marchandises venues d'Extrême-Orient, d'Afrique ou d'Inde et dont les caravanes prenaient livraison.

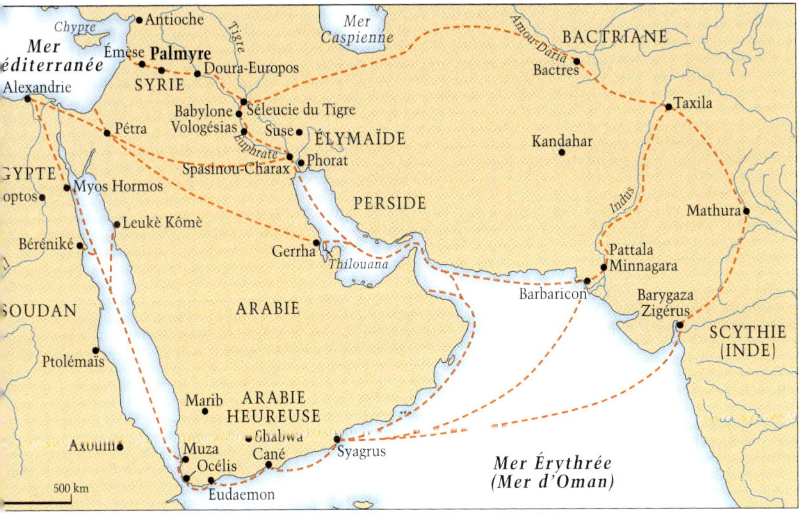

désigne la péninsule indienne, que des marchands palmyréniens, grecs ou romains ont pu fréquenter. On sait que de nombreuses trouvailles de monnaies et d'amphores ont été faites dans les ports de la péninsule, dont certaines attestent sans doute le commerce avec les ports de la mer Rouge, mais d'autres ont pu arriver via Palmyre et le golfe Persique.

Mais certains marchands n'hésitaient pas à aller eux-mêmes aux sources, comme en témoignent les inscriptions évoquant la Scythie (l'Inde) et ce bateau (à gauche) sculpté dans un tombeau à Palmyre.

En revanche, rien n'atteste que les marchands qui passaient par Palmyre se soient rendus sur le plateau iranien, en Asie centrale ou en Chine, même si des produits trouvés à Palmyre en proviennent. En sens inverse, si les Chinois connaissent sans doute l'existence de Palmyre (nommée Tan-Lan ou Chi'eh Lan) et peut-être de Vologésias (Yü-lo), aucune trace ne subsiste de l'éventuelle présence de quelques-uns d'entre eux. En réalité, le commerce à longue distance se fait par des intermédiaires.

Les produits du commerce

Les produits de ce commerce nous échappent très largement, et ce ne sont pas les indications du « Tarif de Palmyre » qui peuvent nous aider à en faire l'inventaire. On devine qu'un commerce à si longue distance, en grande partie par voie de terre, ne peut concerner que des produits de haute valeur marchande, mais, à l'inverse, la présence d'amphores en Inde et à Ceylan oblige à imaginer le transport de vin, voire d'huile. Le mieux attesté des produits importés par Palmyre est sans aucun doute les textiles, dont on a retrouvé plus de trois mille fragments (de cinq cents étoffes différentes) dans les tombeaux de la ville, malheureusement souvent de petite taille car on avait découpé de vieux tissus pour faire des bandelettes. L'origine chinoise ne peut faire de doute pour la soie, très abondante, et, de plus, certaines étoffes retrouvées portent des signes idéographiques chinois que les sinologues estiment originaires du Xinjiang. On a peut-être quelques fragments de cachemire d'Asie centrale, mais surtout nombre d'étoffes de lin, de coton et de laine, sans que l'on sache si l'on se contentait d'importer la matière première (la laine était produite localement) ou si l'on allait chercher en Syrie ou en Mésopotamie les étoffes, voire les vêtements déjà confectionnés.

Les bijoux retrouvés dans les nécropoles de Palmyre ne sont pas à la hauteur de ceux que portent les femmes sur les représentations en buste. Même si beaucoup de tombes ont été pillées, il est vraisemblable que l'on n'enterrait pas ces femmes avec leurs somptueuses et coûteuses parures.
En revanche, les tissus des vêtements des défunts témoignent du luxe des produits transitant par l'oasis. Les soies chinoises, parfois ornées de quelques idéogrammes (à gauche) qui ne laissent pas de doute sur leur provenance, traitent à l'occasion de thèmes élaborés à Palmyre, comme l'atteste un fragment de soie rouge et noir où des chameaux se reposent couchés sous des palmiers. Les somptueux vêtements des hommes, caftans, pantalons et chaussures brodés, reproduisent fidèlement les motifs des étoffes retrouvées dans les tombes, même si la couleur s'en est perdue.

Sur ce tissu, les motifs de broderie disposés en bandes parallèles dérivent directement des décors architecturaux comme ceux du grand arc de la colonnade principale, prouvant que tisserands et architectes s'inspiraient de cartons communs.

Les autres produits du commerce n'apparaissent guère, même si l'on peut imaginer qu'ils comportaient les perles du golfe Persique, les pierres précieuses et semi-précieuses, diverses épices d'Inde et de Ceylan mentionnées par Pline l'Ancien, mais qui pouvaient arriver aussi en Méditerranée par Pétra ou les ports de la mer Rouge. Nous ne disposons pas de bordereaux douaniers qui nous permettraient d'apprécier la diversité des marchandises importées ou exportées, mais il est peu douteux que des produits de

Méditerranée s'exportaient vers la Mésopotamie, où de fortes communautés grecques subsistaient depuis l'époque hellénistique malgré la conquête parthe, et consommaient vin et huile d'olive.

Douanes romaines, octroi municipal

Ville frontière, Palmyre abritait une douane romaine, où était prélevé pour le compte du fisc impérial le vectigal de Syrie, l'impôt de 25 % *ad valorem* sur toute marchandise qui entrait ou qui sortait des frontières de la province et de l'empire. Nous ne savons à peu près rien du fonctionnement de ce *portus*, en dehors de ce que l'on peut déduire par comparaison avec les autres postes de douanes romains.

On connaît beaucoup mieux l'octroi municipal de la ville de Palmyre, grâce à la découverte au XIXe siècle de quatre grandes stèles bilingues (grec et palmyrénien), qui en conservent le tarif promulgué le 18 avril 137. Ce « Tarif de Palmyre », déposé au musée de l'Ermitage à Saint-Pétersbourg, se présente comme la mise à jour de la loi fiscale de Palmyre à la suite de nombreuses contestations entre les marchands et les publicains (car les taxes de Palmyre sont aussi affermées).

Des outres en peau, plus légères que les céramiques, servaient au transport des denrées à dos de chameau ou à dos d'âne, mais leur conservation se faisait dans des amphores ou des jarres, comme celle-ci. Ci-dessous, cette inscription trilingue (latin, grec et palmyrénien), datée de 56-57, mentionne deux affranchis romains qui devaient œuvrer au service de leur patron, fermier des douanes pour le compte de Rome.

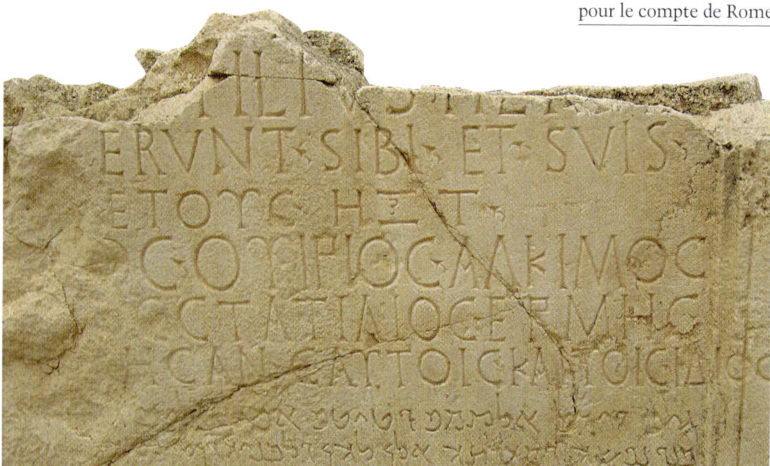

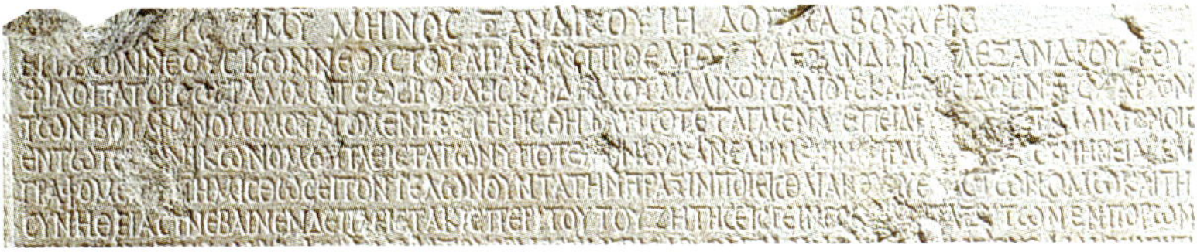

Les parties conservées du texte présentent un échantillon très varié des marchandises qui entraient à Palmyre, dont peu semblent provenir de loin : esclaves, huile parfumée, huile, graisse, peaux, vêtements, blé, vin, paille, laine, sel, viande, victuailles diverses, foin, statuettes de bronze, et même prostituées taxées du montant du prix de leurs prestations. Il est clair qu'il ne s'agit en rien du commerce à longue distance qui passait par l'oasis, mais seulement des marchandises qui entraient et sortaient de Palmyre pour la consommation locale. On prévoyait d'ailleurs le passage de chameaux à vide, d'ânes et de charrettes, l'importation des légumes de la périphérie, et en sens inverse, l'évacuation des charognes (dispensées de taxe). Il s'agit donc d'un banal octroi municipal, dont la limite de perception devait être le mur « fiscal » dont il a été question plus haut.

Les caravanes ne pénétraient donc pas dans la ville, sauf pour les besoins locaux. D'ailleurs, introduire en ville des centaines de chameaux n'était pas sans danger pour l'hygiène : ceux qui y entraient par nécessité semblent avoir été cantonnés à la « colonnade transversale », à l'extrémité occidentale de la ville, dont la largeur exceptionnelle ne s'explique pas autrement que comme « parking » à chameaux. Tous les autres restaient soigneusement à l'extérieur du mur « fiscal », pour ne pas avoir à payer les taxes locales. De fait, par l'observation aérienne combinée avec une reconnaissance au sol, on a repéré autour de Palmyre nombre de caravansérails qui abritaient les caravanes durant leur séjour en Palmyrène. Le plus important d'entre eux, nommé Gennaes dans une inscription, devait présenter l'aspect

Un décret de la *boulè* de Palmyre daté de 137 apr. J.-C., appelé « Tarif » ou « Loi fiscale de l'oasis » (détail ci-dessus), fut retrouvé en 1881. Il fixait le montant des taxes que devaient acquitter les marchandises de consommation courante entrant et sortant de la ville. Le vin et l'huile parfumée présentée dans des alabastres faisaient partie de ces produits consommés par les Palmyréniens. Cet aryballe de verre soufflé (ci-contre), retrouvé dans une tombe, avait peut-être contenu quelque onguent ou parfum importé. Grappes et feuilles de vigne apparaissent fréquemment dans le décor des monuments (ci-dessus).

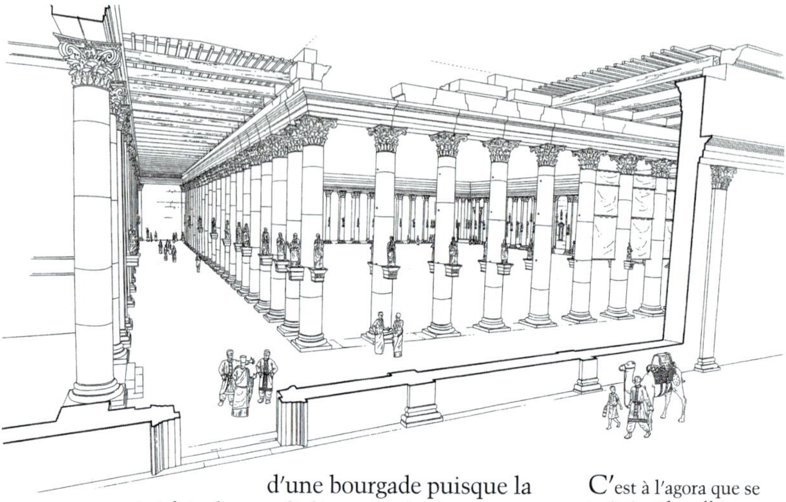

d'une bourgade puisque la cité fait dresser là l'une des huit statues dédiées à Soados fils de Bôliadès.

De la prospérité au déclin

C'est à l'agora que se traitaient les affaires. Vaste place presque carrée (71 x 84 m ; à droite, la vue aérienne de l'état actuel, et sa restitution, en haut, à gauche), elle était ombragée par un portique de 80 colonnes et 11 portes (ci-dessus) y donnaient accès. Mais c'était une bourse bien plus qu'un marché : aucun chameau n'y pénétrait, pas même les marchandises, si ce n'est sous la forme d'échantillons.

Les inscriptions caravanières conservées (trente-quatre à ce jour) courent de 19 aux années 260, mais cela ne signifie pas que le commerce de Palmyre n'existait ni avant, ni après. On a vu combien la ville s'offrait comme une proie tentante dès la fin de l'époque hellénistique, et combien la reconstruction monumentale du temple de Bêl au début du Ier siècle apr. J.-C. impose une réelle richesse dès cette époque, richesse qui ne peut provenir des seules ressources de l'oasis. Le IIe siècle marque l'apogée du commerce caravanier, ce qui explique l'ampleur des constructions et reconstructions effectuées à Palmyre durant ce siècle : c'est notamment l'époque où se développe la « ville romaine ». Le ralentissement observé au IIIe siècle peut correspondre à des difficultés réelles, même si le trafic ne fut pas interrompu. Une caravane revient en 247, peu après que Philippe l'Arabe a fait la paix

avec les Perses, une autre en 257-258, précisément entre la destruction définitive de Doura en 256 et une nouvelle offensive de Shapur en 259. Un écho de ces difficultés se trouve dans les comptes d'un homme d'affaires retrouvés dans un tombeau, où les taux d'intérêt consentis s'élèvent désormais à 30 et 32 %, preuve que les risques s'étaient brusquement accrus.

Mais ce qui porta sans doute le coup fatal au commerce de Palmyre, ce ne fut pas tant la prise de la ville par Aurélien en 272 ou son saccage l'année suivante que la paix de Nisibe imposée au Perse Narsès par Dioclétien en 298 à la suite des victoires de Galère. Dioclétien exigea que le trafic entre les deux empires passe tout entier par la ville de Nisibe et elle seule. Cela revenait à faire remonter très au nord les caravanes qui reliaient la Mésopotamie à la Syrie, mais il est probable que Dioclétien ne faisait que rendre obligatoire une pratique qui s'était fortement développée depuis un demi-siècle. Palmyre dut voir fermer sa douane romaine, et seul un commerce local, avec le reste de la Syrie, subsista. La plaque tournante du commerce caravanier n'était plus qu'un souvenir.

Les marchandises pour lesquelles la taxe due à Rome avait déjà été acquitée restaient en transit dans des caravansérails hors des limites de l'octroi municipal pour échapper à une taxation supplémentaire. Des changeurs devaient également œuvrer dans l'agora pour permettre à tous de payer les taxes en argent romain (un changeur juif de Palmyre est enterré à Beth Shéarim en Galilée). Des bâtiments annexes dont une basilique-marché, inachevée, une curie peut-être et un local pour les archives apparentent davantage cet ensemble aux forums provinciaux d'époque impériale qu'aux agoras du monde grec.

« Au mois de Nisan de l'an 419 [avril 108 apr. J.-C.], cette maison de sépulture a été faite par Iahrai, fils de Bariki, fils de Taimarso, pour lui et pour ses enfants et pour les enfants de ses enfants, à jamais, et en honneur de Bariki son père » : villes des morts, les nécropoles qui cernent Palmyre de toutes parts reflètent les prétentions ostentatoires des vivants et conservent la trace de ce que fut la vie quotidienne dans l'oasis au temps de sa splendeur.

CHAPITRE 5

LE MONDE DES MORTS

Un étrange satyre cornu et barbu surmonte l'inscription de fondation de la tombe F dans la nécropole sud-est, construite en 128 apr. J.-C. par Bôrefâ et Bôlha. Cette sculpture, assez inhabituelle dans l'art de Palmyre, était peut-être destinée à effrayer les éventuels violateurs de la tombe. À gauche, l'hypogée de Iarhai, aujourd'hui reconstitué au musée de Damas.

Il est rare que dans une cité antique le monde des morts soit aussi présent qu'il l'est à Palmyre. Plus de cent cinquante tombeaux sont encore visibles entre les différentes nécropoles qui, comme il était d'usage dans l'Antiquité, entourent la ville et s'alignent le long des axes routiers qui en partent.

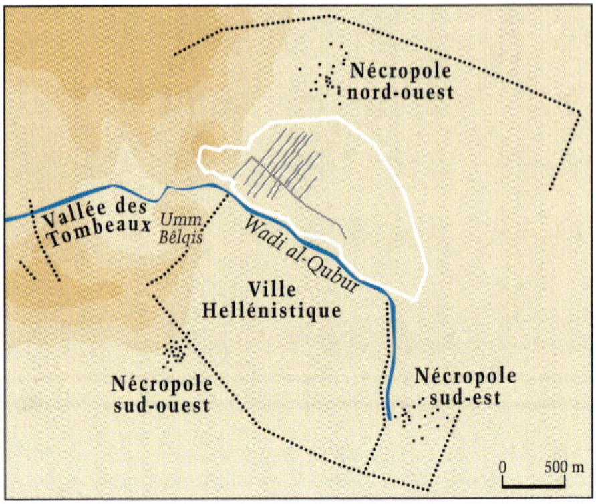

Les nécropoles

Les archéologues distinguent quatre vastes nécropoles principales, mais il n'est pas exclu que, dans l'Antiquité, il y ait eu des secteurs différenciés au sein d'un même espace comme celui que forme la butte d'Umm Bêlqis dans la nécropole ouest. Cette nécropole est la plus vaste et on la connaît aussi sous le nom de « vallée des tombeaux », car ceux-ci s'alignent de part et d'autre du wadi et de la route conduisant à Émèse, et s'étagent sur les escarpements qui les dominent. C'est dans ce secteur ouest que se trouvent notamment les tours de Kitôt, d'Elahbêl et d'Aténatan, ainsi que l'hypogée de Iarhai. Une autre nécropole s'étend au sud-ouest le long de la route de Damas au sud de la source Efqa : on y trouve notamment l'hypogée des Trois Frères.

Nécropole vient du mot grec *necropolis*, « cité des morts », utilisé par Strabon à propos des cimetières d'Alexandrie au Ier siècle apr. J.-C. Le terme convient aussi pour Palmyre où les sépultures cernent la cité des vivants. Nullement dissimulés aux regards, les tombeaux continuent ainsi à perpétuer la mémoire des morts, et pour certains, à rappeler leur influence passée.

Une troisième occupe une zone située au sud-est du temple de Bêl le long de la route conduisant à Doura et à Hit sur l'Euphrate et elle semble la plus récente. La dernière enfin, située au nord de la ville, renferme des tombeaux variés, de grands tombeaux-temples comme celui de la famille Bolborak, des sépultures de soldats du camp, mais aussi beaucoup de sépultures individuelles modestes en sarcophage de plâtre ou de terre cuite surmontées de petites stèles. Plusieurs tombeaux de cette nécropole furent à l'époque de Dioclétien incorporés à la muraille pour servir de tours ou de bastions et certains même se retrouvèrent à l'intérieur du périmètre urbain.

Bien qu'il ne semble pas y avoir eu de nécropoles dévolues à telle ou telle catégorie de la population, la nécropole nord montre néanmoins qu'aux tombeaux des notables plus à l'est succèdent vers l'ouest ceux des militaires de la garnison, puis ceux des catégories modestes de la population. Pour les autres nécropoles, la documentation est moins précise, mais ne contredit pas ce phénomène.

L'architecture et l'emplacement de certains tombeaux les désignent comme ceux d'une aristocratie fortunée et puissante qui tient à se distinguer et à se mettre en valeur. C'est le cas des tombeaux de la butte d'Umm Bêlqis, en position

La butte d'Umm Bêlqis (ci-dessous) dans la nécropole ouest était un emplacement privilégié et recherché par les grandes familles pour y construire leur « monument d'éternité ». En position dominante, les tours qui jaillissent de ses pentes manifestent de façon éclatante la puissance financière de certains notables, comme la tour de Jamblique et celle des Bene Ba'a. Outre l'intérêt que présentent ces tombeaux pour l'architecture funéraire, les nombreuses épitaphes individuelles ou les textes de fondation des monuments, les sculptures et les peintures qui les ornaient fournissent une documentation incomparable pour étudier la population et la société de Palmyre entre le Ier siècle av. J.-C. et le IIIe siècle apr. J.-C.

JAMBLIQUE

dominante à l'entrée de la vallée des tombeaux, ou du temple funéraire n° 86 situé à l'extrémité ouest de la grande colonnade, juste dans l'axe, ou encore du tombeau n° 173d placé au carrefour des deux rues à colonnades. On ignore l'identité des propriétaires de ces deux tombeaux placés dans une position éminente au cœur du dispositif urbain, mais ils étaient sans aucun doute des notables puissants capables d'imposer leur suprématie.

Quel personnage important a pu obtenir le droit d'élever son tombeau dans l'axe de la grande colonnade, au cœur du tissu urbain ? L'architecture gréco-romaine de ce tombeau-temple témoigne aussi de l'évolution des goûts de l'aristocratie locale.

On imagine volontiers que les familles les plus en vue rivalisaient entre elles afin d'occuper l'emplacement le plus prestigieux comme cela semble avoir été le cas entre la famille de Jamblique et celle des Bene Ba'a. Ces derniers firent construire un nouveau tombeau en avril 83 apr. J.-C. sur la butte de Bêlqis, alors qu'ils en possédaient déjà un construit une cinquantaine d'années plus tôt par leur grand-père et qui, prévu pour plusieurs générations, n'était pas complètement utilisé. L'aspect très différent de la nouvelle tour traduit à l'évidence une volonté des petits-fils d'être mieux placés sur la butte et de rivaliser avec la tour funéraire que faisait construire Jamblique pour sa famille au même moment. Ces notables, qui sont honorés sur les consoles des rues à portique ou dans les monuments publics – sans jamais que l'on sache pourquoi, ni pour quels services rendus – et n'apparaissent également que très rarement comme bienfaiteurs de la cité, préféraient manifester leur puissance à travers leur monument de sépulture.

Les sépultures individuelles

Par leur aspect, les monuments funéraires à Palmyre traduisent à la fois le niveau social des propriétaires et l'évolution des goûts sous l'influence d'apports venus de l'extérieur.

Les tombes les plus modestes consistaient en une simple fosse d'inhumation creusée dans le sol où des sarcophages simples de terre cuite ou de plâtre pouvaient accueillir les corps. La tombe était signalée par une petite stèle dressée au-dessus. Pour être modestes, ces petites stèles n'en constituaient pas moins le signe d'une certaine aisance de la part des familles. Seul élément au-dessus de la tombe, elles étaient censées incarner le défunt, et symboliser sa *néfesh*, son âme, selon un principe bien connu en pays sémitique.

Les familles modestes perpétuaient la mémoire des morts en faisant graver leur nom et leur filiation sur de petites stèles individuelles (ci-dessous, « Aitibel, fils de Zabda »), accompagnés d'une formule de regret : « hélas ! ». Sur certaines, on ne voit qu'un simple voile tendu entre deux patères, mais sur d'autres, plus élaborées, le défunt est représenté debout devant ou derrière le voile qui symbolise la frontière entre le monde des morts et celui des vivants, avec parfois des palmes symboles d'immortalité. Avec l'enrichissement des habitants de l'oasis et la multiplication des sépultures en hypogées collectifs, ces petits monuments disparaissent au cours du IIe siècle apr. J.-C. et sont remplacés par les bustes en relief sur les plaques de *loculi*.

Les tours

Chez les plus riches, la *néfesh* prenait l'aspect monumental d'une tour dressée au-dessus des sépultures ménagées dans le soubassement comme le montrent les tours les plus anciennes du site. Ces tours constituent l'élément le plus spectaculaire de l'architecture funéraire de Palmyre, et elles étaient une création propre aux architectes palmyréniens. La plus ancienne datée est celle d'Aténatan, construite par ses fils en novembre 9 av. J.-C. à l'entrée de la vallée des tombeaux. Mais elle appartient déjà à un type plus élaboré que d'autres, certainement antérieures, qui montrent que ce genre de sépulture est en usage à Palmyre au moins depuis le milieu du Ier siècle av. J.-C. On en construisit jusqu'au début du IIe siècle apr. J.-C. – le dernier monument daté de ce type est de 128 –, mais des transformations importantes en avaient modifié l'aspect et l'organisation. La tour elle-même cesse d'être un simple mémorial pour accueillir aussi les sépultures qui, auparavant, n'étaient ménagées que dans le socle et n'étaient accessibles que par l'extérieur. Un escalier d'abord accolé à la paroi et tournant à chaque angle (tours d'Aténatan, d'Hairan, de Kitôt), puis construit dans un seul angle de la tour, permettait d'accéder aux étages supérieurs, tous aménagés pour recevoir des défunts. Les meilleurs exemples du deuxième type sont ceux de la tour de Jamblique datant de 83 apr. J.-C. et celui de la tour d'Elahbêl et de ses frères construite en 103 apr. J.-C. dans la nécropole ouest. L'aspect extérieur,

La tour de Jamblique (à gauche) se dresse sur la butte d'Umm Bêlqis. La coupe longitudinale (ci-dessous) et le plan au sol (à droite) en montrent l'organisation interne avec ses salles superposées, desservies par un escalier d'angle. Les renfoncements, ménagés dans les murs des différents étages, étaient divisés par des plaques horizontales afin de constituer des sépultures individuelles, les *loculi*.

Avec leurs quatre ou cinq étages, au-dessus d'un hypogée, les tours pouvaient accueillir jusqu'à sept cents personnes d'une même famille élargie sur plusieurs générations. C'est ce que prévoient les inscriptions de fondation comme celle-ci : « Ce monument a été bâti par Boléès, Mokeimaios, Lisamsos, Hairanés et Béélaios, fils de Ouabaios, fils de Bolazaios, pour leurs parents, pour eux-mêmes, pour leurs fils et leurs descendants.

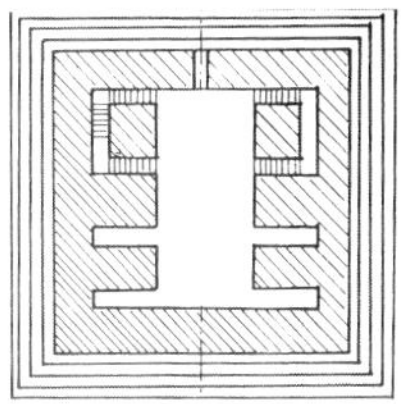

Au mois de Xandikos l'an 415 [avril 104 apr. J.-C.] ». Construites dans un bel appareil régulier, ces tours s'ornaient en façade de niches décorées abritant un sarcophage. À l'intérieur des plus riches, celles de Jamblique ici ou d'Elhabêl, les travées de *loculi*, séparées par des pilastres cannelés à chapiteaux corinthiens, les plafonds peints à caissons ornés de bustes et les corniches moulurées, témoignent du soin apporté à ces « maisons d'éternité ».

mais aussi le décor, tout particulièrement celui du rez-de-chaussée, reflètent non seulement les évolutions progressives des installations, mais aussi la richesse et la notoriété des propriétaires en même temps que la pénétration des influences gréco-romaines dans l'art décoratif.

Les hypogées

Curieusement et de façon inexplicable, les fondations de tours cessent après 128, date de la dernière fondée par Moqimo dans la nécropole ouest. Depuis quelque temps, un autre type de tombe s'est développé : les hypogées souterrains indépendants des tours, creusés dans la roche, sans élément de surface et accessibles par des marches. Les premiers exemples datés sont des années 80 apr. J.-C. et ils sont conçus selon un plan en T renversé avec une galerie principale et deux courtes travées latérales près de l'entrée. Les murs sont percés de *loculi* avec, au fond des travées, des niches abritant des sarcophages. C'est à ce type qu'appartiennent les hypogées de Bohla, fils de Nebosuri, dans la nécropole sud-est, daté d'août 89, et de Iarhai, Atenuri et Zabdibôl, fils de Moqimo, construit en 133-134 et qui représente le dernier exemple daté de ce type.

L'essor de la construction des hypogées correspond chronologiquement à la période du grand développement monumental de Palmyre, mais également à la disparition des tombes individuelles qu'ils semblent avoir remplacées. La dernière stèle simple datée est de 141 apr. J.-C. et, selon Michal Gawlikowski, ce sont désormais les plaques sculptées de bustes obturant les ouvertures de *loculi* qui les remplacent ou, pour les moins fortunés, des graffitis directement gravés sur le mur. La prospérité économique de la ville qui se serait accompagnée de l'enrichissement de la population aurait favorisé la construction de monuments funéraires en dur par la classe moyenne.

Dans les tours comme dans les hypogées, la plupart des défunts sont inhumés dans des *loculi* individuels (ci-dessus), tandis que les propriétaires occupent des sarcophages monumentaux surmontés de leurs statues et placés dans de grandes niches richement ornées (en haut, à droite). La pratique et le développement de l'hypogée à partir du IIe siècle permirent d'accroître le nombre de sépultures en prolongeant les travées principales ainsi que le montre le plan (à droite) de cet hypogée de la nécropole sud-est qui juxtapose exèdres à *loculi*, *loculi* dans les murs et exèdre à un ou trois sarcophages.

On assiste en effet à partir de 95 apr. J.-C. au plus tard à des constructions collectives d'hypogées pour lesquelles deux ou trois familles différentes s'associent. Vers 175-180, de nouveaux types d'hypogées apparaissent avec des exèdres pour les sarcophages disposés en triclinium (en forme de U) dans les travées latérales et de longues galeries annexes destinées à d'autres familles, pas forcément apparentées au constructeur. Parallèlement, certains propriétaires cèdent petit à petit, et parfois très vite, des parties de leurs tombeaux à de nouveaux venus et le phénomène s'amplifie au cours des IIe et IIIe siècles. On ne compte pas moins de huit textes différents de concessions dans l'hypogée de Iulius Aurelius Malè, entre 193 et 237, à neuf familles différentes, et ce sont treize concessions auxquelles on se livre dans l'hypogée de Maliko, fils de Maliko, fils de Nurbel, entre 186 et 278 apr. J.-C.

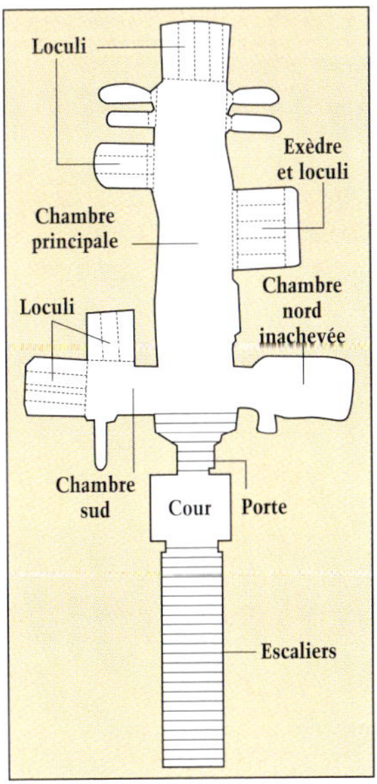

On cède ainsi une ou plusieurs exèdres, une travée de *loculi* entière ou partielle, un nombre variable de *loculi*, et les emplacements sont minutieusement précisés dans un texte gravé sur l'entrée de la tombe. Les nouveaux acquéreurs achetaient des parties plus ou moins importantes de la tombe, quitte parfois à en revendre eux-mêmes une fraction quelque temps plus tard.

Le commerce qui transparaît à travers ces textes de concessions n'exclut pas que certains individus se soient comportés en véritables spéculateurs immobiliers de la mort. Cependant, ce n'est pas pour autant que ces hypogées étaient de facture négligée : on en veut pour preuve les très belles peintures de l'hypogée des Trois Frères (Naamai, Malè et Saadai).

Construit vers 140 apr. J.-C., l'hypogée des Trois Frères illustre le commerce auquel se livraient les constructeurs eux-mêmes et les acquéreurs postérieurs. Cinq textes de concession entre 160 et 241 sont archivés sur le linteau et un montant de la porte d'entrée. Mais il conserve aussi les rares témoignages de peinture murale à Palmyre. L'enlèvement de Ganymède par l'aigle de Zeus, Ulysse retrouvant Achille parmi les filles de Lycomède, les portraits des défunts dans des médaillons portés par des Victoires dans l'exèdre principale, sont des sujets symboliques de la mort et témoignent de la connaissance par les Palmyréniens des mythes de la culture grecque.

Les tombeaux-temples et les tombeaux-palais

Alors que la classe moyenne construisait des hypogées ou en acquérait des portions, les plus riches se distinguaient en se tournant vers un autre type de sépulture. Les fondations de tours ont cessé dans la première moitié du IIe siècle, mais en 143 apparaît un nouveau type de tombeau : le tombeau-temple, dont les constructions se poursuivent jusqu'en 253.

Sans doute moins « logeables » que les tours par l'offre plus restreinte de sépultures, ces tombeaux fournissent en revanche aux riches Palmyréniens une nouvelle occasion d'étaler leur fortune et de manifester leur goût pour un luxe ostentatoire dans leur dernière demeure. On trouve ces tombeaux-temples dans toutes les nécropoles de Palmyre, mais toujours dans les emplacements les plus en vue.

Bien que la plupart de ces tombeaux soient aujourd'hui très abîmés et ne présentent qu'un aspect très partiel de leur état d'origine, il semble toutefois qu'aucun d'eux ne rivalisait en splendeur avec le tombeau n° 36 fouillé par Andreas Schmidt-Colinet et la mission syro-allemande dans les années 1990. La fouille redonna vie à ce qui n'était plus qu'un tas informe de blocs, révélant sans doute l'un des plus grands (18 mètres de côté) et des plus somptueux tombeaux de Palmyre. Situé dans la partie centrale de la vallée des tombeaux, en surplomb de la route, il est daté des années 220 apr. J.-C. et, grâce à un fragment d'inscription, on connaît le nom de son propriétaire, un certain Worod dont on a voulu faire, sans preuve, le grand notable proche d'Odeinat, connu par plusieurs inscriptions honorifiques entre 258 et 266. Ce monument funéraire est incontestablement celui d'un très grand et très riche personnage car, plus qu'à un tombeau, il ressemble à un véritable palais par sa façade qu'Andreas Schmidt-Colinet a cru pouvoir rapprocher de celle

Ce sont sept cents blocs empilés sur le site qui ont permis de restituer le somptueux tombeau n° 36 dans la nécropole ouest. Avec 18 mètres de côté, il est l'un des plus grands de son type. Sa façade monumentale, semblable à celle d'un palais, cachait deux étages de sépultures en *loculi* et en sarcophages autour d'une cour à péristyle à ciel ouvert. Les propriétaires restent à identifier parmi les statues et les bustes richement parés retrouvés dans ce tombeau qui accueillait environ trois cents personnes.

Dans l'ensemble du monument, on assiste à un mélange subtil d'influences occidentales et orientales qui montre comment l'aristocratie

palmyrénienne a adopté les modèles gréco-romains sans renoncer à ses traditions. Mais l'on y voit aussi l'habileté des architectes et des artistes locaux qui conçurent cette œuvre dans ce contexte. L'étude en parallèle des détails des sculptures et des broderies des vêtements démontre que l'on a utilisé les mêmes décors, preuve que des cartons circulaient, servant de modèle aux uns et aux autres. Quant aux Éros chevauchant des dauphins (ci-dessus) dans les frontons semi-circulaires de la façade, ils s'apparentent à ceux qui figurent sur des sarcophages romains. Ce tombeau témoigne, à sa manière, de ce qu'était Palmyre au IIIe siècle : un métissage culturel entre Orient et Occident.

des palais mésopotamiens de Hatra ou d'Assur avec leurs colonnes et leurs niches. Pour Ernest Will, le tombeau de Worod s'inspire surtout de l'art impérial romain, mais dans sa version syro-anatolienne,

notamment par les décors que l'on retrouve en Pamphylie aux époques antonine et sévérienne. Ce goût pour les décors d'inspiration gréco-romaine était déjà présent dans l'hypogée des Trois Frères où une scène peinte inspirée de *l'Illiade*, Achille au milieu des filles de Lycomède, recouvre le mur d'une exèdre. Toutefois, les traditions locales sont tout autant présentes puisque, dans le tombeau de Worod, les merlons crénelés de la terrasse supérieure ou les costumes dans lesquels les défunts sont représentés appartiennent aux mondes parthe et mésopotamien.

Des portraits pour l'éternité

Ce sont justement les vestiges retrouvés dans les tombes qui complètent nos connaissances sur la société palmyrénienne. Dans tous les tombeaux à *loculi* ces derniers sont obturés par des plaques de calcaire local sculpté sur lesquelles sont représentés les défunts en buste avec leur nom et leur filiation. Les exemples s'étendent du milieu

Figés pour l'éternité dans leurs plus beaux atours, hommes et femmes de Palmyre restent étonnamment présents sur ces plaques de calcaire qui obturaient leur sépulture. En toge à la romaine ou en costume traditionnel brodé de galons, les hommes suivent la mode de leur temps pour la coiffure, à mèches ou bouclée, et le port de la barbe. Les femmes restent plus traditionnelles, notamment dans leur coiffure aux multiples turbans brodés enserrant le front et la chevelure. Certaines sont représentées avec un enfant mort peut-être à la naissance en même temps qu'elles.

du Ier siècle apr. J.-C. à la fin du IIIe siècle avec des évolutions qui laissent apparaître l'influence exercée par la mode sur les coiffures et les vêtements. Entre 50 et 150, les hommes par exemple sont imberbes, les cheveux courts en mèches retombant sur le front, tandis qu'à partir de 150 ils adoptent la barbe et la moustache et leurs cheveux, plus longs, sont désormais bouclés. Presque tous portent un vêtement de type gréco-romain : une tunique plissée et un manteau, le bras droit reposant dans le pli du rabat rejeté sur l'épaule ou tenu par une fibule en forme de cabochon.
Ils tiennent parfois un objet à la main, un rouleau, une palme, une feuille, etc. Les prêtres et les membres des confréries religieuses, toujours imberbes, portent sur la tête un mortier cylindrique cerclé d'une couronne de feuillage et orné d'un cabochon en forme de buste sur le devant.
De petits alabastres ou des patères à libation, une boîte contenant de l'encens sont les accessoires qui confirment leur fonction.

Avec leurs colliers à multiples rangs de perles fines du golfe Persique ou ornés de pierres précieuses enchâssées venues de l'Inde ou d'Afrique, leurs bracelets, joncs simples ou guillochés, leurs multiples bagues, leurs lourds pendentifs d'oreilles, leurs broches incrustées de pierreries retenant les vêtements, ces femmes affichent l'aisance de leur famille, comme le font encore de nos jours les Bédouines de la région portant l'or du patrimoine familial. Baudelaire, évoquant « les bijoux perdus de l'antique Palmyre », rappelait un fait avéré, car très peu nous sont parvenus !

Les femmes quant à elles sont parfois représentées avec leurs enfants défunts, placés en pied, mais de taille inférieure, dans un angle de la stèle ou dans leur bras. Outre leurs vêtements et leurs coiffures, beaucoup plus traditionnels que ceux des hommes, ce sont les bijoux qu'elles portent qui sont l'expression de la richesse de ces notables et de la nature des importations commerciales. Postures et types de bijoux évoluent avec le temps ainsi que les coiffures, les portraits du IIIe siècle étant les plus originaux et les plus chargés d'accessoires et de bijoux. Malgré une incontestable parenté de style (frontalité de l'attitude, symétrie des visages, fixité des regards), tous néanmoins ne sont pas identiques, et il est vraisemblable que l'on cherchait à rendre de manière plus ou moins exacte les traits de celui qui venait de mourir.

Les riches propriétaires des tombeaux étaient quant à eux représentés avec leur famille presque grandeur nature sur les sarcophages. De cette façon, l'aristocratie manifeste encore une fois l'importance et la majesté de la famille dans la splendeur de ses atours d'apparat et affiche

Conviés au banquet funéraire avec les dieux, les défunts s'y affichent en couple ou en famille, en bas relief ou en ronde bosse sur les couvercles des sarcophages. Malè et Bolaya, sa sœur, sur une stèle du IIe siècle apr. J.-C., sont allongés sur un matelas brodé, les coudes posés sur des coussins galonnés. Malè, en tunique brodée, se détache sur un fond de voile tendu entre des patères et tient une coupe à la main. La somptuosité des bijoux de Bolaya contraste avec la simplicité de son vêtement. Un coffre, à bijoux peut-être, occupe une place en vue à l'arrière-plan et laisse imaginer d'autres joyaux.

l'assurance d'une catégorie sociale sûre d'elle-même et de ses valeurs.

Peu de corps ont été retrouvés dans les tombes, qui ont été pillées depuis longtemps. Toutefois, quelques fouilles minutieuses ont permis de retrouver des restes de cadavres, certains même intacts. On a ainsi reconnu que l'on momifiait les corps, mais de façon plus sommaire qu'en Égypte. Certains avaient conservé leurs chaussures, leurs vêtements et la récupération de fragments de tissus a permis d'en analyser la nature, soie, laine, coton, et de définir leur provenance, locale ou importée, ainsi que les procédés de teinture utilisés. Autre signe visible de la condition sociale des morts.

Mieux que la ville des vivants, où l'on a surtout mis en évidence les édifices officiels et les maisons des dieux, les nécropoles conservent le souvenir de familles réunies dans l'au-delà, qui s'exposent telles qu'elles souhaitaient rester pour l'éternité, affichant la diversité des conditions et des préoccupations, manifestant leur goût métissé pour le costume parthe et la peinture grecque, donnant enfin le reflet le plus fidèle d'une société originale.

Une représentation majestueuse, presque grandeur nature, de la famille de Taibôl : le père, en tenue « parthe », pantalon bouffant et tunique plissée, brodés de somptueux galons, porte la coiffure des prêtres, ceinte de feuillage et ornée d'un buste. Ses fils, en toge, se tiennent debout derrière lui, sa femme, assise à l'extrémité, est parée de ses bijoux. C'est un étrange sentiment que l'on éprouve à la vue de tous ces visages immortalisés dans la pierre et qui défient le temps.

TÉMOIGNAGES
ET DOCUMENTS

Voyageurs d'autrefois

Comme une île éloignée de tout rivage, Palmyre engendra des fantasmes avant d'être redécouverte par quelques hardis marchands anglais. Depuis lors, la magie des ruines n'a cessé d'opérer : les mille colonnes aux couleurs changeantes, le majestueux temple de Bêl, la tache verte de l'oasis, le château de Fakhr ed-Din perché sur son piton dessinent un paysage qui marque à tout jamais le voyageur.

Benjamin de Tudèle

*Le premier à prétendre avoir visité Palmyre fut le rabbin espagnol Benjamin de Tudèle, en 1172, mais on peut fortement douter qu'il y soit réellement allé. Fidèle à la tradition biblique, il attribue la fondation de la ville à Salomon, suivant en cela une fausse indication biblique (*Chroniques *VIII, 4) qui, reprise par Flavius Josèphe (*Antiquités Juives *VIII, 153-154), fit longtemps autorité.*

Tadmor est aussi dans le désert, Salomon l'a pareillement bâtie toute de grandes pierres, cette ville est ceinte d'une muraille. Elle est dans un désert, éloignée de toute habitation, à quatre journées de cette Baalaath (Baalbek), dont nous venons de parler. Il y a à Tadmor environ deux mille juifs vaillants à la guerre. Ils font la guerre avec les Iduméens et les Arabes sujets de Noraldin et fournissant du secours à leurs voisins les Ismaélites. Ces juifs ont à leur tête R. Isaac le Grec, R. Nathan et R. Uziel d'heureuse mémoire.

Voyage de Rabbi Benjamin, fils de Jona de Tudèle par J. Ph. Baratier, Amsterdam, 1734

Manuel Godinho

En 1663, le Portugais Manuel Godinho est peut-être passé non loin de là si sa description du temple de Bêl ne relève pas du fantasme.

Un magnifique édifice carré en grande partie ruiné, tout de marbre le plus fin avec des colonnes, des canalisations d'eau, des tours et des salles également en marbre [...] et qui ressemble au temple de Salomon.

Manuel Godinho, *Relação do novo caminho... no anno 1663*, Lisbonne, 1665

William Halifax

En 1678 eut lieu la première tentative des marchands d'Alep pour atteindre Palmyre. Mais ce n'est qu'en 1691 qu'ils y parvinrent enfin et purent procéder à quelques rapides descriptions. Le révérend Halifax en fit état dès la fin de la même année dans les Philosophical Transactions, *puis donna en 1695 une relation plus détaillée.*

Les habitants d'aujourd'hui sont pauvres, misérables et malpropres, ils se sont renfermés au nombre de 30 ou 40 familles dans quelques huttes de terre glaise entre les murailles d'une grande place à l'intérieur de laquelle il y a un très beau temple de païens [...].

C'est par là que nous y entrâmes en même temps que tous les habitants du bourg (si l'on peut l'appeler ainsi) s'assemblèrent à la porte, où ils se tenaient peut-être pour se défendre, dans le cas où nous fussions des ennemis ; ou peut-être aussi était-ce par curiosité, pour nous regarder [...]. Pour donner ici une idée générale de cet endroit, on peut dire qu'il n'y en a pas un au monde où l'on voit tout ensemble et plus de restes d'une ancienne grandeur et une plus affreuse désolation. Tout l'enclos est un espace carré de deux cent vingt yards dont chaque côté est environné d'une haute et belle muraille, bâtie de grandes pierres carrées et ornées de pilastres au dehors et au dedans, au nombre de soixante-deux de chaque côté [...]. Vers le milieu du carré on voit une autre muraille, plus haute, élevée au-dessus des ruines qui semble avoir été un château fort. Dès qu'on est entré dans la cour, on voit les restes de deux rangs de colonnes de marbre, hautes de trente-sept pieds, avec leurs chapiteaux, qui sont de très belle sculpture [...]. Après avoir bien considéré ce temple, nous en sortîmes, et nos yeux se portèrent d'abord sur une prodigieuse quantité de colonnes de marbre, dont les unes étaient debout, les autres renversées, dans un espace d'environ une demi-lieue et elles y étaient dans une telle confusion qu'il était impossible de se faire une idée du plan de cet endroit, pour pouvoir conjecturer quelle sorte de bâtiment ce pouvait avoir été [...]. Nous perçûmes de si belles ruines, qu'à en juger par ce qui en reste encore à présent, je doute qu'il y ait jamais eu au monde une ville qui ait pu le disputer en beauté à celle-ci [...].

Nous aperçûmes un portail fort large et fort haut qui, pour la beauté de l'ouvrage, ne le cédait à aucun des monuments que je viens de décrire [...]. Ce portail donne

l'entrée dans une belle allée de plus d'une demi-lieue de long et de quarante pieds de large, elle est entourée de deux rangs de colonnes de marbre [...]. Et, sur la plupart, nous trouvâmes des inscriptions grecques et d'autres en langues inconnues. Pour ce qui est des sépulcres des Palmyréniens, ils sont aussi beaux que curieux.

William Halifax, « An extract of the Journal II : several Voyages of the English Merchants.... », *Philosophical Transactions*, 218, nov.-dec. 1695

Robert Wood et James Dawkins

Robert Wood et James Dawkins, accompagnés du dessinateur Giovanni Battista Borra, arrivent à Palmyre le 14 mars 1751, venant de Qaryatein, un gros bourg de la région de Homs, et la découvrent depuis la vallée des tombeaux.

À neuf heures de chemin de Cariétein nous arrivâmes à une tour ruinée, sur laquelle nous remarquâmes la croix de Malte à deux ou trois endroits. Auprès de cette tour sont les ruines d'un superbe bâtiment, à en juger par une huisserie de marbre blanc, qui est l'unique morceau qui en reste debout, et qui n'est pas couvert de sable. [...] À minuit, nous nous arrêtâmes deux heures pour prendre du repos, et le quatorze à midi nous arrivâmes au bout de la plaine, où les montagnes à droite et à gauche paraissaient se joindre. Il y a entre ces montagnes une vallée, où l'on voit encore les ruines d'un aqueduc qui portait autrefois de l'eau à Palmyre.

Il y a à droite et à gauche de cette vallée plusieurs tours carrées d'une hauteur considérable. En approchant de plus près, nous trouvâmes que c'étaient les anciens sépulcres des Palmyréniens. À peine eûmes-nous passé ces monuments vénérables, que les montagnes se séparant des deux côtés, nous découvrîmes tout à la fois la plus grande quantité de ruines, toute de marbre blanc, que nous eussions jamais vue, et derrière ces ruines, vers l'Euphrate, une étendue de plat pays à perte de vue, sans le moindre objet animé. Il est presque impossible de s'imaginer rien de plus étonnant que cette vue. Un si grand nombre de piliers corinthiens, avec si peu de murs et de bâtiments solides, fait l'effet le plus romanesque qu'on puisse voir.

Robert Wood et James Dawkins, *Les Ruines de Palmyre, autrement dite Tedmor au désert*, Londres, Millar, 1753

Lady Hester Stanhope : princesse et reine de Palmyre

Lady Hester Stanhope, en 1813, semble plus frappée par la beauté des Bédouins, œuvre de Dieu, que par celle des ruines, œuvre des hommes.

Ma préoccupation était d'observer les Bédouins jusqu'à la perfection. J'aime les Beaux-Arts, mais pour dire la vérité, je suis beaucoup plus intéressée par l'œuvre de Dieu que par celle des hommes. Ces rudes indigènes, avec leurs magnifiques aptitudes personnelles et qui ont réduit à presque rien les besoins de l'humaine nature donnent le plus merveilleux exemple de la force mentale et corporelle. Au reste, la beauté de certains endroits du désert au début du printemps est indescriptible.

Duchesse de Cleveland, *Life and Letters of Lady Hester Stanhope, by her Niece the Duchess of Cleveland*, Londres, 1914, traduction de Gérard Degeorge

L'expédition de Lady Hester Stanhope à Palmyre avait profondément impressionné les autochtones de Syrie. Le voyageur anglais J. S. Buckingham

rapporte le récit quasi mythique que lui en fit un Bédouin quelque temps après, non sans le juger très exagéré.

Il me raconta qu'il y avait un événement qu'il regrettait plus que tous ceux dont il se souvenait, c'était de ne pas avoir accompagné la princesse (Lady Hester Stanhope) dans son voyage à Palmyre, car il avait entendu dire que quiconque était allé avec elle, ou avait eu affaire avec elle, était devenu depuis très prospère. En décrivant cet événement, il disait: Aussitôt que l'on sut dans le désert que la princesse entendait voyager à Palmyre, toutes les tribus se mirent en mouvement, la guerre fut changée en paix universelle, et chaque sheikh était impatient d'avoir l'honneur de diriger son escorte. Des conseils et des assemblées furent tenus à Homs et à Hama, à Damas et à Alep, des messagers furent envoyés dans toutes les directions et rien ne fut négligé pour rendre son chemin plein de satisfactions. Quand il fut question d'argent, tout le monde refusa avec indignation et s'exclama: ne pourrions-nous servir notre princesse pour l'honneur? Tout étant bouclé, l'escorte se mit en route, précédée en tête par des cavaliers, des méharistes pour l'observation sur les côtés à droite et à gauche, et des chameaux portant les provisions à l'arrière. Alors qu'ils progressaient, les sables desséchés devenaient des plaines verdoyantes, les rochers brûlés devenaient des fleuves de cristal, de riches tapis d'herbe les accueillaient quand ils faisaient halte pour se reposer, et les arbres sous lesquels ils plantaient leurs tentes doublaient de taille pour les recouvrir de leur ombre. Quand ils atteignirent la cité détruite, la princesse fut conduite au plus grand des palais (le temple du soleil), et là, de l'or et des joyaux furent accrochés autour de ses tempes, et tout le peuple lui rendit hommage comme à une reine, en inclinant la tête dans la poussière. En ce jour, Palmyre était plus riche que Damas et plus peuplée que Stamboul (Constantinople) et si la princesse était seulement restée elle serait devenue immédiatement la plus grande des cités de la terre, car les hommes affluaient vers elle de tous les lieux, les cavaliers, les marchands et les astrologues, et la réputation de sa beauté et de sa générosité était allée jusqu'à Baghdad et Ispahan, à Boukhara et Samarkande et les plus grands hommes de l'Orient étaient désireux de la contempler par eux-mêmes.

John Silk Buckingham, *Travels among the Arab Tribes Inhabiting the Countries of East Syria and Palestine...*, Londres, 1825, traduction de A. Sartre-Fauriat

Charles-Leonard Irby et James Mangles

Les capitaines de vaisseau Charles-Leonard Irby et James Mangles en 1818, séduits dans un premier temps, ne peuvent cacher leur déception à l'examen plus attentif des ruines.

En découvrant les ruines de Palmyre depuis la vallée des tombeaux nous fûmes très étonnés par le pittoresque effet de l'ensemble qui présente le paysage le plus imposant que nous n'ayons jamais vu; et il était rendu d'autant plus intéressant que nous avions traversé des zones désertes sans construction et que brutalement nous découvrions ces innombrables colonnes et autres ruines sur une étendue sableuse. Leur apparence blanche comme la neige contrastait avec le sable jaune et produisait un effet saisissant. Mais grande fut notre déception quand, après une minute d'observation, nous découvrîmes qu'il n'y avait pas une seule colonne, fronton, architrave, portail, frise, ou un

seul vestige architectural digne d'admiration [...]. Les planches de Wood et Dawkins sont certainement bien réalisées, mais elles ont rendu trop grande injustice aux originaux ; prises comme un *tout ensemble*, ces ruines sont certainement très remarquables en raison de leur étendue [...] et moins encombrées par des éléments modernes que d'autres dont nous avons été témoins, à l'exception du village arabe de Tadmor, qui occupe la cour péristyle du Temple du Soleil et quelques tombes turques, il n'y a aucun encombrement en quoi que ce soit des antiquités. Prenez chaque partie des ruines séparément, elles n'éveillent que peu d'intérêt et, somme toute, nous estimons que la visite de Palmyre ne vaut pas la peine de passer tant de temps, de dépenses, d'anxiété et de fatigue d'un voyage dans le désert [...]. Les consoles au centre des colonnes de la grande rue ont une très disgracieuse apparence. Il y a aussi une grande uniformité dans l'architecture, tous les chapiteaux étant corinthiens, exceptés ceux qui entourent le Temple du Soleil. Elles sont fluettes et quand elles étaient ornées de leurs corbeilles ioniques en bronze, elles étaient sans doute très élégantes, mais ces dernières ayant maintenant disparu, la beauté de l'édifice est entièrement anéantie. La sculpture, celle des chapiteaux comme celle des autres parties ornées des portes et des bâtiments, est très laide et grossière [...]. Nous pensons que c'est l'extrême difficulté de parvenir à Tadmor et en conséquence le peu de gens qui y sont allés qui sont la cause de la grande célébrité des ruines de Palmyre.

Charles-Leonard Irby et James Mangles, *Travels in Egypt and Nubia, Syria and Asia Minor during the Years 1817 and 1818*, Londres, 1833, traduction de A. Sartre-Fauriat

Charles G. Addison

En 1835, Charles G. Addison décrit le village installé dans le sanctuaire de Bêl tel que le trouveront les archéologues français au début du Mandat.

Les majestueuses colonnes corinthiennes et la noble porte avec son aigle et son décor sculptés, dont on ne pourrait trouver d'équivalent en scrutant les édifices grécisants d'un bout à l'autre de l'Angleterre, jaillissent au-dessus des humbles demeures des pauvres Arabes […]. Des fragments de frises ou de corniches dont la sculpture est le fruit de plusieurs années de labeur sont maintenant utilisés par les pauvres habitants du village pour faire cuire leur pain, ou, légèrement creusés, sont transformés en pierre à moudre le blé… Les pièces ruinées du temple du Soleil, dont le sol est encombré de paille et de crottes, sont occupées par les chèvres, les volailles et divers animaux malpropres. De dessous le haut portail sculpté du temple, maintenant partiellement ruiné, la vue s'étend par-dessus les terrasses des petites maisons en terre qui encombrent la grande cour.

Charles Greenstreet Addison,
Damascus and Palmyra. A Journey to the East, Londres, 1838,
traduction de A. Sartre-Fauriat

Antonin Jaussen et Raphaël Savignac

Au début du XXe siècle encore, le voyage à Palmyre nécessite la mise en place d'une véritable expédition. Les pères Antonin Jaussen et Raphaël Savignac, de l'École biblique de Jérusalem, en font l'expérience lors de la mission épigraphique qu'ils accomplissent au printemps 1914.

Le lundi 6 juillet, à 5 h 15, nous quittons Aïn el-Beida, nos bêtes avancent péniblement au pas : le sol se raffermit ensuite et nous pouvons reprendre le trot. Ce désert n'est pas absolument stérile ; il y pousse beaucoup d'herbes pouvant nourrir les chameaux, et de la soude en quantité. Les gens de Palmyre exploitent cette herbe de soude, la brûlent sur place et vont vendre le résidu aux fabricants de savon de Homs ou de Damas. Les gazelles abondent dans la région. Nous perdons une demi-heure pour aller en ramasser une tuée par un heureux coup de fusil tiré sur un troupeau à un kilomètre de la route […].

Nous mettons 1 h 55 à parcourir la distance qui nous sépare de Palmyre… Dans le col à travers lequel nous nous avançons se trouvent de nombreuses tombes, la plupart fort ruinées. L'une d'elles, encore en assez bon état, avec une inscription sur la face nord et une autre au sud, porte, à cause de sa forme élancée, le nom bien mérité de « Qasr el-Taouil ». Un mur qui fit peut-être partie autrefois d'un système de fortification à l'ouest, dévale sur le versant de la colline à notre droite. Du col où nous sommes, descend vers l'est un petit ouady, l'ouady Serasyir avec de nombreuses tours funéraires sur ses deux rives, et auquel on a donné pour cela le nom de « ouady el-Qebour » ou « vallée des tombeaux ». Il va se perdre quelques kilomètres plus loin dans une vaste plaine déserte qui s'étend devant nous à l'infini. Palmyre est à nos pieds, à l'extrémité ouest de cette plaine que nous dominons à une cinquantaine de mètres.

De maigres jardins avec quelques maisons éparses autour d'un vaste quadrilatère empli de masures arabes, c'est toute la Tedmour actuelle ; elle peut compter environ trois cents habitants. Le quadrilatère renfermant presque en entier le village moderne n'est autre chose que la vieille enceinte du grand temple de Palmyre. À quelques centaines de mètres, au nord-ouest de ce temple, se trouvent les ruines de la ville : de nombreux monuments renversés au milieu desquels émergent quelques rares édifices en partie debout, et surtout, des centaines de colonnes éparses ou dressées à la file qui donnent à ces ruines leur caractère particulier.

Raphaël Savignac,
« Mission épigraphique à Palmyre »,
Revue biblique, 1920

Une riche cité grecque de l'Empire romain

Plus de trois mille inscriptions font pénétrer l'historien directement, sans l'interprétation des sources littéraires, au cœur de la vie politique, économique, sociale, religieuse et culturelle de l'oasis. Grâce à elles, des détails essentiels sur les institutions, la fiscalité, les relations sociales, les rapports avec l'administration et l'armée romaine apparaissent en pleine lumière.

Les institutions et les notables

Cité du monde romain, Palmyre se dote d'institutions quasi identiques à celles qui ont cours dans la partie hellénophone de l'Empire romain. Elle fait sienne également la tradition de l'évergétisme des notables dont les bienfaits sont indispensables au bien-être de leurs concitoyens. De nombreuses inscriptions témoignent de la vie civique à Palmyre et beaucoup honorent des citoyens en vue.

Cette statue est celle de Soraikhô, fils de Hairân, fils de Alainê Sephpherâ, que lui a élevée le Conseil pour l'honorer ; il a fait dans ce portique sept colonnes et toute leur ornementation et il a fait un foyer d'airain ; au mois de Adar l'an 490.

Inventaire des inscriptions de Palmyre, V, 3,
console de la colonnade transversale, mars 179 apr. J.-C.

Le Conseil et le Peuple ont dressé ces statues de Iulius Aurelius Malikô, fils de Washô, fils de Malikô, fils de Washô Nebôlâ, qui a exercé la charge de stratège de la colonie et celle d'agoranome avec distinction et munificence, si bien que le dieu ancestral lui a rendu hommage, ainsi que l'excellent Sénat et l'illustrissime gouverneur, ainsi qu'à Washô son père qui a accompli toutes les liturgies publiques, pour honorer leur mémoire au mois de Tebet de l'an 5... .

Inv., X, 115,
console double trouvée dans le rempart, après 212 apr. J.-C.

Statue de Iulius Aurelius Zénobios appelé aussi Zabdilah, fils de Malkhô, fils de Malkhô, fils de Nassûm, qui a été stratège de la colonie lors de la venue du divin empereur Alexandre ; qui a aidé Rutilius Crispinus, le général en chef, lors de son séjour prolongé avec les légions et du passage des vexillations ; qui a été agoranome et a dépensé des sommes considérables ; qui a conduit sa carrière si honorablement qu'il a reçu un témoignage du dieu Yarhibôl, et aussi de Iunius Priscus, très éminent préfet du prétoire sacré, et aussi de sa cité ; c'est pourquoi le Sénat et le peuple lui ont élevé cette statue pour l'honorer en l'an 554.

Inv., III, 22,
colonne de la travée nord de la grande colonnade, 242-243 apr. J.-C.

Le Conseil et le peuple ont élevé cette statue à Septimius Worod, éminent procurateur ducénaire impérial, juridicus de la Métrocolonie, qui a ramené les caravanes à ses frais, qui a été l'objet d'un témoignage élogieux de la part des chefs des marchands; qui a brillamment exercé les fonctions de stratège; qui a été agoranome de la même Métrocolonie; qui avec ses propres ressources a fait les dépenses les plus grandes; qui a su plaire au Sénat et au peuple et qui est maintenant, avec éclat, symposiarque des prêtres du dieu Zeus Bêl; en témoignage d'intégrité et d'honneur, en l'an 577, au mois de Xandikos.

Inv., III, 7,
colonne de la rue allant
de l'arc au tétrapyle, avril 266

La cité et le pouvoir central

La cité, bien qu'autonome dans sa gestion quotidienne, n'en reste pas moins sous l'autorité de Rome. La loyauté des provinciaux s'exprime à travers des dédicaces faites en l'honneur des empereurs et de ses représentants, gouverneurs, officiers et fonctionnaires présents ou non dans la ville.

Statue de Fulvius Titianus, légat de l'empereur et curateur, dressée par le Conseil et le Peuple au sauveur et au bienfaiteur de notre ville en souvenir de sa bienveillance par les soins d'Euboulos appelé aussi .... et d'Héliodoros appelé aussi Iaraios.

Inv., X, 34,
console de l'agora, en l'honneur
d'un gouverneur de Syrie,
1re moitié du IIe siècle

À l'empereur César Lucius Septimius Severus Pius Pertinax Auguste et à l'empereur César Marcus Aurelius Antoninus Auguste, fils d'Auguste et à Iulia Domna Augusta, mère des camps sacrés......

Inv., X, 64,
linteau de la porte de l'agora, en l'honneur
de la famille impériale sévérienne

Restaurateurs du monde dont ils sont les maîtres et patrons du genre humain, nos seigneurs Dioclétien et Maximien, empereurs invincibles, et Constance et Maximien très nobles Césars, ont établi ce retranchement sous d'heureux auspices, par les soins de Sossianus Hiéroclès, perfectissime, gouverneur de la province, dévoué à leur génie et à leur majesté.

Inv., VI, 2,
inscription latine commémorant
la construction du camp de Dioclétien,
v. 293-303

La richesse économique de Palmyre d'après les auteurs antiques

Les témoignages littéraires sur le commerce et la richesse de Palmyre sont rares et ne concernent que la période hellénistique ou le tout début de l'Empire.

Palmyre est une ville remarquable par sa situation, la richesse de son sol et l'agrément de ses eaux; ses terres sont encerclées par les sables sur un vaste pourtour et, comme séparées du reste du monde par la nature, elle est placée par son destin particulier entre les deux grands empires, celui des Romains et celui des Parthes, en cas de conflit le premier sujet de préoccupation pour l'un et pour l'autre.

Pline l'Ancien, *Histoire naturelle*, V, 88

Antoine envoya ses cavaliers à Palmyre, ville située non loin de l'Euphrate, avec l'ordre de la piller. Il n'avait pas d'autres reproches à adresser aux Palmyréniens, placés entre Romains et Parthes, que leur adroite politique. C'étaient des marchands qui cherchaient en Perse les produits de l'Inde et de l'Arabie pour les revendre chez les Romains. En fait, Antoine voulait procurer un profit à ses cavaliers. Mais les Palmyréniens eurent vent de l'affaire ; ils traversèrent l'Euphrate avec leurs biens et, par mesure de sécurité, placèrent des archers le long de la rive. C'étaient de très habiles tireurs. Les cavaliers tombèrent sur une ville abandonnée : ils s'en retournèrent les mains vides et sans coup férir.

Appien, *Guerres civiles,* V, 9

Un grand entrepreneur de caravanes : Soados, fils de Boliadès

C'est essentiellement grâce à l'épigraphie que le commerce caravanier est connu. Les chefs de caravane sont en effet honorés par diverses catégories de personnes impliquées dans le grand commerce avec le golfe Persique. Ces dédicaces étaient gravées sur les colonnes, ou leurs consoles, de différents monuments de Palmyre (agora, temple, caravansérail). Mais si le commerce avec l'Est est assez bien documenté, en revanche nous ne savons rien du commerce vers la Méditerranée, sans doute aux mains de commerçants romains dont la présence se décèle dans la ville.

Soados, fils de Bôliadès, fils de Soados, pieux et aimant sa patrie, ayant en de nombreuses circonstances critiques assisté avec noblesse et générosité les marchands, les caravanes et les citoyens établis à Vologésias, ayant toujours payé de sa personne et de sa fortune pour les intérêts de sa patrie, honoré pour cette raison par des décisions, des décrets et des statues votés par le peuple ainsi que par des lettres et un édit de Publicius Marcellus, l'illustrissime seigneur consulaire, ayant en outre sauvé la caravane récemment montée de Vologésias du grand péril qui l'entourait, la dite caravane, pour sa valeur, sa magnanimité et sa piété, lui a érigé quatre statues, l'une ici dans le sanctuaire de Zeus, une dans le bois sacré, une dans le sanctuaire d'Arès, et la quatrième dans le sanctuaire d'Atargatis, par les soins d'Agégos, fils de Iaribôlès, et de Thaimarsos, fils de Thaimarsos, chefs de caravanes, l'an 443, au mois de Péritios.

Christiane Dunant, *Le Sanctuaire de Baalshamin à Palmyre*, III : Les inscriptions, Genève, 1971, console dans le sanctuaire de Baalshamin, février 132 apr. J.-C.

Ces quatre statues de bronze, celle-ci qui est dans le temple d'Allat, celle du bois sacré, celle du temple d'Arsu et celle du temple d'Atargatis, qui ont été érigées après les quatre premières que les membres de la première caravane ont élevées pour Soadu, fils de Belyada, fils de Soadu, qui craint les dieux et aime sa patrie, qui en raison de ses bienfaits et sa magnanimité envers ……… de toutes les manières a été paré d'éloges et de beaucoup d'honneurs, les ont élevées pour lui les caravanes de tout Tadmor qui sont revenues de Vologésias, parce qu'il a fait preuve d'expérience et a pris avec lui une grande force armée et les a protégées contre Abdallat l'Ahitaien et des voleurs qu'il avait levés ensemble ……. qui attendaient depuis longtemps le moment d'attaquer la caravane. Mais Soadu les a sauvés. C'est pourquoi, ils lui ont érigé ces statues pour l'honorer, alors que Malê, fils de Se'mon et

Hanibêl, fils de De'mon, fils de Bazeqa étaient chefs de la caravane. Au mois de Siwan, en l'an 445.

H. J. W. Drijvers, Studia Aramaica, *Journal of semitic Studies*, supp. 4, Londres, 1995, console trouvée dans les fouilles du sanctuaire d'Allat à Palmyre (en palmyrénien), juin 134 apr. J.-C.

L'an..., le conseil et le peuple (honorent) Soados, fils de Bôliadès, fils de Soados fils de Thaimisamsos, pour sa piété et son amour de sa patrie, pour la noblesse et la générosité qu'il a manifestées en de nombreuses importantes occasions envers les marchands, les caravanes et ses concitoyens à Vologésias. Pour ses services, il a reçu des lettres de témoignage du dieu Hadrien et du très divin empereur Antonin son fils, de même dans un édit de Publicius Marcellus et des lettres de lui et des gouverneurs consulaires successifs. Il a été honoré par des décrets et des statues votés par le conseil, et le peuple, par les caravanes en plusieurs occasions, et par des citoyens à titre individuel. Et maintenant, lui seul de tous les citoyens de tous les temps est honoré en raison de ses bons services incessants et accumulés, par la cité, à frais publics, de quatre statues montées sur des colonnes dans le tétraédion de la cité, et par décision du conseil et du peuple de trois autres à Spasinou Charax, à Vologésias et au caravansérail de Gennaes.
En plus, il a fondé et dédié à Vologésias un sanctuaire des Augustes... et en remerciement pour sa loyauté et sa générosité dans l'exercice de son autorité (dynastéia)...

Colonne retrouvée à Oum el-Amad (caravansérail situé à 22 km au sud de Palmyre), 145 apr. J.-C., R. Mouterde et A. Poidebard, *Syria*, 12, 1931

Les comptoirs de Palmyre

Yarhai fils de Nébozabad fils de Shamallât, fils de Aqqadân, citoyen d'Hadrianè Palmyra, satrape des Thilouaniens pour le roi Méhérédatos de Spasinou Charax. Les commerçants (emporoi) de Spasinou Charax en son honneur, l'an 442, au mois de Xandikos.

Inv. X, 38, console dans l'agora, avril 131

Marcus Ulpius Yarhai, fils d'Hairân, fils d'Abgar, qui aime sa patrie. Les commerçants [*emporoi*] qui sont revenus de Scythie sur le navire de Onainos fils d'Haddudân fils de..., parce qu'il les a secourus et assistés avec beaucoup d'empressement, en son honneur, au mois de Dystros de l'an 468.

Inv. X, 96, console dans l'agora, mars 157

Zabdalas, fils de Salmanos, appelé aussi Aneinas, appartenant aux marchands de la mer Rouge originaires d'Hadrianè Palmyra, qui a rénové depuis les fondations le propylée, les trois portiques et les chambres entièrement à ses frais, ses collègues les marchands d'Hadrianè Palmyra à leur ami en raison de son amitié.

André Bernand, *Les Portes du désert. Inscriptions grecques d'Antinooupolis, Tentyris, Koptos, Apollonopolis Parva, et Apollonopolis Magna*, n° 103, Paris, 1984, Stèle trouvée à Coptos (Égypte)

Le Tarif de Palmyre

Le texte dit du Tarif ou Loi fiscale de Palmyre fut retrouvé en 1881 par A. Lazarew sur l'agora. Gravé sur quatre grandes dalles de 1,75 m de haut sur 5 m de long, comportant 237 lignes de grec et 150 de palmyrénien (avec des lacunes), ce décret de la cité met à jour en 137 apr. J.-C. les diverses dispositions fiscales relatives aux taxes acquittées par les marchandises entrant et sortant de la ville. Il vise à éviter les conflits entre les fermiers adjudicataires et les marchands.

Décret de la Boulè. Au mois de Nisan, le 18e jour de l'an 448, sous la présidence de Bonnê fils de Hairan, étant secrétaire Alexandre fils de Philopator, secrétaire de la boulè et du peuple ; étant archontes Malikû fils de 'Olay fils de Moqimû et Zebidâ fils de Ne·â, la boulè, réunie conformément à la loi, a décidé ce qui suit :

Attendu que dans les temps antérieurs beaucoup de choses passibles de taxe n'ont pas été introduites dans la loi fiscale et étaient taxées selon la coutume d'après ce qui était écrit dans le bail du publicain, et que celui-ci percevait (les droits) selon la loi et la coutume et qu'à cause de cela, bien des fois, à propos de ces articles, des querelles ont surgi entre les marchands et les publicains, il a paru bon à la boulè des archontes actuels et à la décurie d'examiner tout ce qui n'a pas été introduit dans la loi et qu'on l'inscrive dans le document du nouveau bail et qu'on inscrive pour chaque article sa taxe d'après la coutume ; et quand le bail sera approuvé par le fermier, qu'on l'inscrive avec la loi ancienne sur la stèle qui est en face du temple de Rabbasîrê ; et qu'il soit du devoir des archontes du moment, de la décurie et des syndics que le fermier n'exige rien de trop de personne.

De ceux qui importent des esclaves, qu'ils soient amenés à Palmyre ou sur son territoire, le publicain exigera pour chacun 22 deniers.

Pour l'esclave qui est vendu dans la ville ou exporté, 12 deniers....

Pour la laine teinte en pourpre, pour chaque toison importée ou exportée, 8 as.

Par charge de chameau d'huile parfumée qui est transportée dans des alabastres, 25 deniers ; et pour cette huile à la sortie par charge, 13 deniers.

Par charge de chameau d'huile parfumée qui est introduite dans des outres en peau de chèvre, à l'entrée, 13 deniers ; à la sortie, 7 deniers.....

Par charge de graisse dans quatre outres en peau de chèvre, par charge de chameau à l'entrée, 13 deniers ; à la sortie, 13 deniers.....

Le publicain percevra aussi des prostituées, de celle qui prend 1 denier ou plus, 1 denier par femme, et de celle qui prend 8 as, il percevra 8 as, et de celle qui prend 6 as, il percevra 6 as....

Pour chaque peau qui est importée ou mise en vente : 2 as par peau.....

Quant aux images de bronze, les statues, il paraît bon qu'elles soient taxées en tant que bronze, et une statue paiera pour une demi-charge et deux statues pour une charge.

Quant au sel, il m'a paru bon qu'il soit mis en vente sur la place publique dans le lieu où on se rassemble et que quiconque des Palmyréniens l'achètera pour son usage, paie le modius en as italique selon la loi, et aussi le sel fiscal de Palmyre, selon [la même loi], escompté à l'as, soit déterminé et, selon la coutume, vendu aux Palmyréniens [...].

Javier Teixidor, *Un port romain du désert. Palmyre*, Paris, 1984 (extrait)

Bêl et son temple

Le temple de Bêl était le plus important de la cité. Celui que nous voyons aujourd'hui au sud-est de la ville date du début du Ier siècle apr. J.-C., mais il dut remplacer un sanctuaire antérieur. Sa construction fut le fruit de dons par les fidèles dont témoignent les inscriptions retrouvées sur le site.

Au mois de Ab de l'an 330; cette statue est celle de Yédi'bel fils de Azizô, fils de Yédi'bel, des Béné Matthabôl, que lui ont élevée les Palmyréniens et les Grecs de Séleucie parce qu'il a été à leur tête et qu'il a aidé par un grand don à la construction du temple de Bêl.

Inv., IX, 6a,
base de statue dans la cour
du sanctuaire, août 19 apr. J.-C.

Au mois de Kanun 336, cette statue de Malikho, fils de Nesha, fils de Bolha, surnommé Hasas, des Bené Komara, lui a été élevée par tous les commerçants qui sont dans la ville de Babylone, parce qu'il les a favorisés de toute manière et qu'il a aidé à la construction du temple de Bêl et qu'il a donné de sa bourse, chose que personne n'avait faite; c'est pourquoi ils lui ont élevé cette statue pour l'honorer.

Inv. IX, 11
console de la troisième colonne
du portique sud, novembre 24 apr. J.-C.

Le Conseil et le Peuple ont élevé ces statues à Yarhibôl, fils de Egê et de Awîdâ, fils de Haddûdân, petits-fils de Yarhibôl, fils de Haddûdân, fils de Zabdibôl, fils de Haddûdân Firmôn, pieux et aimant leur patrie, généreux à de nombreuses occasions et qui ont fait faire à leurs frais ces six vantaux de bronze doré dans le grand portique de la maison de Bêl, l'an 486 en Dystros.

Inv. IX, n° 25,
décret gravé sur la face interne
de l'entrée sud des propylées du temple
de Bêl, mars 175 apr. J.-C.

Le sanctuaire de Baalshamin

Autre divinité importante du panthéon palmyrénien, le dieu Baalshamin dont le temple est situé dans la partie nord de la ville. Seule la cella du temple reconstruit en 131 apr. J.-C. est aujourd'hui visible, mais le sanctuaire était beaucoup plus étendu avec des cours à portiques dont subsistent quelques colonnes.

Dédicaces pour la construction de l'ancien sanctuaire :

Ces cinq colonnes, leur entablement et leur toiture ont été consacrés par Zabdai, fils de Zabadnebô Qahzan, des Béné Ma'zyan, à Baalshamin, dieu bon et rémunérateur, pour son salut, celui de ses enfants et celui de son frère, au mois d'Elul, l'an 378.

Inv. I, 4,
console de colonne devant le temple,
septembre 67 apr. J.-C.

Cette entrée tout entière, ses colonnes, son entablement et sa toiture, ont été consacrés par Yarhai, fils de Lishamsh, fils de Ra'ai, des Béné Ma'zyan, à Baalshamin, dieu bon et rémunérateur, pour son salut, celui de ses enfants et celui de son frère, au mois d'Elul l'an 378.

Inv. I, 5, entablement,
septembre 67 apr. J.-C.

Construction du nouveau temple :

Par ordre du Conseil et du Peuple cette statue a été élevée à Malè appelé Agrippa, fils de Yarhai, fils de Lishamas, fils de Ra'ai, secrétaire du Conseil pour la seconde fois, qui, lors de la venue de notre maître le divin Hadrien, a fourni l'huile aux citoyens, aux troupes et aux étrangers qui étaient avec lui (en grec : aux étrangers et aux citoyens), et a fourni son camp en toute chose, qui a construit ce temple, son vestibule et toute son ornementation, à ses frais pour Baalshamin et ...... des Bene Yadibol ; au mois de .... en l'an 442.

Inv., I, 2, décret sur une console
de colonne devant le temple de
Baalshamin, 130-131 apr. J.-C.

Odeinat et Zénobie

*Dans la période troublée du IIIe siècle apr. J.-C., Odeinat et Zénobie se distinguent par leur énergie, et jouent sans aucun doute un rôle majeur dans la protection de la Syrie contre les Perses. Les inscriptions de Palmyre fournissent quelques renseignements sûrs, qui viennent corriger et compléter l'image romanesque et improbable donnée par l'*Histoire Auguste.

Portrait d'Odeinat

*Après avoir parlé plusieurs fois d'Odeinat de Palmyre dans les vies de Valérien et de Gallien, l'auteur de l'*Histoire Auguste *lui consacre un chapitre dans lequel il ne cache pas son admiration pour celui qui avait réussi à rétablir l'autorité de l'État romain en Orient.*

Si, après la capture de Valérien et au milieu de l'épuisement des forces de l'État romain, Odénath, prince de Palmyre, ne s'était pas emparé du pouvoir, tout aurait été perdu en Orient. Aussi commença-t-il par prendre le titre de roi puis, accompagné de sa femme Zénobie, son fils aîné nommé Hérodès et ses fils cadets Hérennianus et Timolaus, il réunit une armée et se lança contre les Perses. Il soumit d'abord à son autorité Nisibis et la plus grande partie de l'Orient avec toute la Mésopotamie, après quoi il vainquit le roi en personne et le contraignit à s'enfuir. Il poursuivit enfin Sapor jusqu'à Ctésiphon et, après avoir fait main basse sur ses concubines ainsi que sur un énorme butin, il se dirigea vers l'Orient [...]. Néanmoins, après avoir en grande partie stabilisé la situation en Orient, Odénath fut assassiné par son cousin Maeonius, qui s'était également emparé du pouvoir, ainsi que son fils Hérodès qui, de retour de Perse, avait été aussi proclamé empereur en même temps que son père.

Histoire Auguste,
Trente Tyrans, Odénath, XV, 1-4

Le dossier épigraphique d'Odeinat et Hairan

Plusieurs inscriptions, gravées sur des colonnes dans la grande colonnade, la cour du sanctuaire de Baalshamin ou sur le grand arc, rappellent les hommages rendus par des particuliers, des corporations et des officiels à Odeinat et à son fils Hairan. Elles permettent de suivre leur ascension : chef de Palmyre, insignes consulaires, Roi des Rois.

À Septimius Odeinat, fils de Hairan, fils de Wahballat Nasôr, clarissime exarque des Palmyréniens (en palm : chef de Palmyre), Iulius Aurelius Ateqab, fils d'Ogeilô, fils de Zabdibôl, fils de Moqimô surnommé Qôrâ, à son ami, par affection (en palm : son ami, en leur honneur, lors de sa présidence). Au mois de Nîsan l'an 563 [avril 252 apr. J.-C.].

Michel Gawlikowski,
Syria, LXII, 1985, n° 13

Statue de Septimius Odeinat, le clarissime consulaire, notre Seigneur, que lui a élevée la corporation des orfèvres qui travaillent l'or et l'argent, pour l'honorer au mois de Nisan 569 [avril 258 apr. J.-C.].

Inventaire des inscriptions de Palmyre, III, 17.

À Septimius Odeinat, le clarissime consulaire, l'association des vanneurs, à son patron, l'an 569 [257-258 apr. J.-C.].

Christiane Dunant,
Le Sanctuaire de Baalshamin à Palmyre, Rome, 1971

Statue de Septimius Hairan, clarissime fils du clarissime consul Odeinat, que lui a érigée la corporation des tanneurs et des fabricants d'outres, pour leur patron, l'an 569 [257-258 apr. J.-C.].

Henri Seyrig,
Annales archéologiques de Syrie, 13, 1963

Sous la niche de droite du grand arc, sans doute édifié à cette occasion, on peut encore lire l'inscription qui commémorait la victoire d'Hairan sur les Perses en 259 et l'autorisa à se parer, avec son père, de la couronne royale. Une inscription identique sous la niche de gauche, mais très mutilée aujourd'hui, honorait de la même manière Odeinat.

Au roi des rois Septimius Hairan, ayant ceint près de l'Oronte la [couronne] de la royauté, pour la victoire sur les Perses, Iulius Aurelius Septimius Wôrôd procurateur ducénaire et Iulius Aurelius........, centenaire, tous deux stratèges de l'illustre colonie en l'an 571 [259-260 apr. J.-C.].

Michel Gawlikowski,
Mélanges de l'université de Saint-Joseph, LX, 2007

Une inscription, gravée après la mort d'Odeinat, rappelle cet épisode et justifiait ainsi le pouvoir de Zénobie, veuve du roi des rois.

Statue de Septimius Odeinat, roi des rois, et « MTQNN » de tout l'Orient ; les éminents Septimius Zabdâ, général en chef, et Septimius Zabbai, général de Palmyre, l'ont élevée à leur seigneur, au mois de Ab de l'an 582 [août 271 apr. J.-C.].

Inv., III, 19.

Zénobie vue par l'« Histoire Auguste »

*Comme il l'avait fait pour Odeinat, l'auteur de l'*Histoire Auguste *dresse un long portrait flatteur de Zénobie. Ce texte est à l'origine des nombreux textes et tableaux consacrés par la suite à l'épopée de cette femme qui, grâce à son talent politique et militaire, avait osé usurper le pouvoir suprême.*

Nous touchons maintenant le comble de la honte puisqu'au milieu de la crise de l'État on en arriva à voir, pendant que Gallien se conduisait odieusement, même des femmes gouverner de façon excellente, et, qui plus est, des étrangères. En effet, une étrangère nommée Zénobie, qui se vantait d'être de la race des Cléopâtres et des Ptolémées, prenant la succession de son mari Odénath, plaça sur ses épaules le manteau impérial, se para à la manière de Didon, se coiffa même du diadème et, au nom de ses fils Hérennianus et Timolaus, régna plus longtemps qu'il n'eût été séant pour une personne de son sexe. Car cette femme altière détint le pouvoir impérial à la fois pendant que Gallien était encore à la tête de l'État, puis, pendant que Claude était accaparé par les guerres contre les Goths ; et c'est non sans peine qu'Aurélien finit par la vaincre, la traîna à son triomphe et l'assujettit à l'autorité de Rome [...].

Elle vivait au milieu d'un faste royal. Elle se faisait adorer plutôt à la manière perse et ses banquets se déroulaient selon le cérémonial des rois perses. Mais c'est à la manière des empereurs romains qu'elle se présentait aux assemblées des soldats, coiffée d'un casque et portant une écharpe de pourpre dont les franges laissaient à leur extrémité pendre des pierreries, tandis qu'était fixée au centre, en guise de broche féminine, une gemme en forme d'escargot ; ses bras étaient souvent nus. Elle avait le visage basané, le teint foncé, des yeux noirs d'une exceptionnelle vivacité, un esprit extraordinaire, un charme incroyable. Sa dentition était d'une telle blancheur que beaucoup croyaient que des perles lui tenaient lieu de dents. Sa voix avait un timbre éclatant et viril. Elle affichait, quand la nécessité l'exigeait, la rigueur propre aux tyrans, mais quand l'équité le demandait, la clémence propre aux bons princes [...]. Elle utilisait pour ses banquets des vases à boire en or rehaussés de pierreries ainsi que d'autres ressemblant à ceux dont se servait Cléopâtre. Elle avait pour son service des eunuques d'âge avancé, mais fort peu de filles. Elle avait obligé ses fils à parler latin, si bien qu'ils ne s'exprimaient en grec qu'avec difficulté et rarement. Pour sa part, elle n'avait pas une connaissance parfaite de la langue latine et était en parlant paralysée par la timidité. En revanche elle parlait l'égyptien à la perfection. Elle était si versée dans l'histoire d'Alexandrie et de l'Orient qu'elle en composa, dit-on, un abrégé. Quant à l'histoire romaine, elle l'avait lue en grec.

Histoire Auguste, Trente Tyrans, Zénobie, XXX, 1-3 et 13-22.

L'usurpation de la pourpre et la chute de Palmyre

*L'empereur Aurélien, proclamé par ses troupes sur le Danube en 270, ne se résigne pas à l'usurpation de Zénobie et Wahballat et fait route vers l'Orient. L'historien byzantin Zosime, au VI*e *siècle, s'inspirant d'auteurs antérieurs disparus, relate les affrontements qui opposèrent les troupes de Zénobie aux Romains, d'abord dans un faubourg d'Antioche, puis à Émèse avant le siège de Palmyre.*

Aurélien partit pour Émèse où un détachement de Palmyréniens occupait une colline dominant le faubourg de Daphné et croyait bloquer le passage grâce à cette position favorable [...]. Lorsque l'empereur vit rassemblée dans la plaine devant Émèse l'armée des Palmyréniens, forte de soixante-dix mille hommes, formée de soldats originaires de Palmyre même et d'autres qui avaient décidé de participer à leur expédition, il campa en face d'elle [...]. Les Palmyréniens ayant pris ouvertement la fuite, les uns furent écrasés par leurs compagnons et les autres tués par les Romains [...]. Zénobie, sensiblement affligée par la défaite de son armée, tint conseil pour délibérer sur l'état présent des affaires. L'avis commun des chefs fut d'abandonner Émèse, dont les habitants s'étaient déclarés pour le parti des Romains, et de se retirer dans Palmyre pour y chercher à loisir les moyens de pourvoir à leur sûreté [...].

Lorsque Aurélien apprit la fuite de Zénobie [...] il se mit aussitôt en route avec son armée en direction de Palmyre ; arrivé devant cette ville, il en investit de tous côtés le mur d'enceinte et y mit le siège [...]. Les assiégés se défendirent vaillamment dans l'espérance que la disette des vivres obligerait les assaillants à se retirer, mais quand ils se sentirent eux-mêmes oppressés par la faim, ils résolurent de s'enfuir vers l'Euphrate, et d'implorer le secours des Perses. Ayant pris cette résolution, ils mirent Zénobie sur un chameau de course et l'emmenèrent hors de la ville [...]. Devenu maître de la ville ainsi que de ses richesses, des objets divers et des offrandes qui s'y trouvaient, Aurélien retourna à Émèse et y mit en jugement Zénobie et ceux qui avaient fait cause commune avec elle [...].

Tandis qu'Aurélien était en route vers l'Europe, il reçut l'information qu'un groupe de ceux qui avaient été laissés à Palmyre avaient éprouvé Marcellinus, installé par l'empereur comme gouverneur de Mésopotamie et chargé d'administrer l'Orient, pour voir s'il accepterait les insignes impériaux. Devant son refus, les Palmyréniens avaient revêtu Antiochus de la pourpre impériale et demeuraient en armes aux portes de Palmyre. [...]. À l'ouïe de ces nouvelles, Aurélien prépara une expédition vers l'Orient et se dirigea vers Palmyre ; il s'empare de la ville sans combat et la rase [...].

Zosime, *Histoire Nouvelle*,
I, XLVII-LXII

La fin d'une ambition

*Après avoir été exhibée au triomphe d'Aurélien à Rome avec les autres chefs, Zénobie connut un sort incertain. Le récit de l'*Histoire Auguste *n'est pas d'une exactitude historique parfaite, mais il participe à la légende forgée autour d'elle.*

Le triomphe d'Aurélien fut particulièrement somptueux. Il y avait trois chars royaux : le premier, celui d'Odénath, était d'un beau travail et rehaussé d'argent, d'or et de pierreries ; le second, que le roi des Perses avait offert à Aurélien, était d'une facture tout aussi ouvragée ; le troisième était celui que Zénobie s'était fait fabriquer avec l'espoir de l'utiliser pour voir la ville de Rome. Cet espoir ne fut d'ailleurs pas déçu puisqu'elle fit bien son entrée dans la ville, mais vaincue et traînée en triomphe [...]. Ouvraient la marche vingt éléphants, des fauves de Libye apprivoisés et deux cents animaux variés de Palestine [...], suivaient, rangés par espèces, quatre tigres, des girafes, des élans et autres bêtes du même genre ; huit cents paires de gladiateurs, sans parler des prisonniers originaires des pays barbares [...]. Dans ce groupe de tête figuraient également les notables de Palmyre qui avaient survécu et des Égyptiens pour les punir de leur rébellion [...]. Puis s'avançait Zénobie, parée de joyaux et chargée de chaînes d'or dont d'autres soutenaient le poids.

Histoire Auguste,
Aurélien, XXXIII-XXXIV

Aurélien lui laissa la vie et l'on dit qu'elle vécut désormais avec ses enfants comme une matrone romaine dans une propriété qui lui avait été offerte à Tibur et qui porte encore aujourd'hui le nom de Zénobie, non loin du palais d'Hadrien.

Histoire Auguste,
Trente tyrans,
Zénobie, XXX, 27

Palmyre et Zénobie entre fantasme et réalité

*Longtemps, les récits très fantaisistes de l'auteur anonyme de l'*Histoire Auguste *nourrirent seuls l'imaginaire des écrivains et la prose des historiens. Malgré les apports de l'archéologie et de l'épigraphie, il subsiste, jusque dans certains ouvrages savants, le mythe d'une Zénobie « reine de Palmyre », lorsque l'idéologie ne l'érige pas en héroïne d'une guerre de libération nationale avant la lettre.*

Zénobie ou les incertitudes de la fortune

L'annonce de la découverte de Palmyre par les marchands d'Alep fin 1691 pousse La Bruyère à ajouter, dans une nouvelle édition des Caractères *publiée en 1694, une invective fameuse sur les revers de fortune, brossant au passage un tableau idyllique d'une Palmyre imaginaire.*

Ni les troubles, Zénobie, qui agitent votre empire, ni la guerre que vous soutenez virilement contre une nation puissante depuis la mort du roi votre époux ne diminuent rien de votre magnificence. Vous avez préféré à toute autre contrée les rives de l'Euphrate pour y élever un superbe édifice ; l'air y est sain et tempéré, la situation en est riante ; un bois sacré l'ombrage du côté du couchant ; les dieux de Syrie, qui habitent quelquefois la terre, n'y auraient pu choisir une plus belle demeure. La campagne autour est couverte d'hommes qui taillent et qui coupent, qui vont et qui viennent, qui roulent ou qui charrient le bois du Liban, l'airain et le porphyre ; les grues et les machines gémissent dans l'air et font espérer à ceux qui voyagent vers l'Arabie de revoir à leur retour en leurs foyers ce palais achevé, et dans cette splendeur où vous désirez de le porter avant de l'habiter, vous et les princes vos enfants. N'y épargnez rien, grande reine ; employez-y l'or et tout l'art des plus excellents ouvriers ; que les Phidias et les Zeuxis de votre siècle déploient toute leur science sur vos plafonds et sur vos lambris ; tracez-y de vastes et de délicieux jardins, dont l'enchantement soit tel qu'ils ne paraissent pas faits de la main des hommes ; épuisez vos trésors et votre industrie sur cet ouvrage incomparable ; et après que vous y aurez mis, Zénobie, la dernière main, quelqu'un de ces pâtres qui habitent les sables voisins de Palmyre, devenu riche par les péages de vos rivières, achètera un jour à deniers comptants cette royale maison pour l'embellir et la rendre plus digne de lui et de sa fortune.

La Bruyère, Des biens de fortune, *Caractères*, 78 (VIII), 1694

Une Palmyre grecque

Niant toute capacité artistique aux peuples de l'Orient, Voltaire attribue aux Grecs la splendeur des ruines de Palmyre.

L'Égypte n'eut jamais de plus belles statues que de la main des Grecs. L'ancienne Balbek en Syrie, l'ancienne

Palmyre en Arabie, n'eurent ces palais, ces temples réguliers et magnifiques, que lorsque les souverains de ces pays appelèrent les artistes de la Grèce. On ne voit que des restes de barbarie, comme on l'a déjà dit ailleurs, dans les ruines de Persépolis, bâtie par les Perses ; et les monuments de Balbek et de Palmyre sont encore, sous leurs décombres, des chefs-d'œuvre d'architecture.

Voltaire, *Essai sur les mœurs et l'esprit des Nations*, ch. XXIV, 1756

Une Zénobie de théâtre

Bien que la chasteté supposée de Zénobie invite peu à imaginer les intrigues amoureuses dont raffolent aussi bien le roman que le théâtre, la reine fut l'héroïne de plusieurs pièces, et de quelques opéras dont le plus célèbre demeure celui de Rossini (1814). En janvier 1821, Jacques-Corentin Royou fait représenter au Théâtre-Français, une tragédie en 5 actes, dont l'action se passe dans les derniers jours et après le siège de la ville par Aurélien. La fin surprenante sort droit de l'imagination de l'auteur : Zénobie a demandé un glaive qu'Aurélien lui a fait remettre juste avant de lui annoncer qu'il épargnera ses enfants si elle consent à figurer à son triomphe.

ZÉNOBIE

Ô malheur sans exemple ! ô tourment [inouï !
Un espoir me restait : il s'est évanoui.
L'auteur de tous mes maux défend que [j'y succombe.
Il m'interdit la vie ; il m'interdit la tombe.
J'égorge mes enfants, si j'ose y recourir ;
Et je ne puis enfin ni vivre, ni mourir.

AURÉLIEN

Madame, il faut subir un usage… [terrible,
Mais si cher aux Romains qu'il est [indestructible.
Songez à vos enfants. Avec impunité
Je ne vous permets plus d'outrager ma [bonté.
Vivez ; jurez-le moi ; j'en crois votre [promesse ;
Et vos enfants pour garde auront votre [tendresse.

ZÉNOBIE

Non, aux lois de l'honneur, que vous [méconnaissez,
Je jure seulement…

AURÉLIEN

Madame c'est assez.
Vous défiez la foudre, eh bien ! la foudre [est prête.
Gardes ! de ses enfants qu'on lui porte la [tête.

ZÉNOBIE

Je meurs.

THANIS, sœur d'Odeinat

Monstre !

AURÉLIEN (à ses gardes)

Arrêtez.

THANIS

Va, le coup est porté
Va, la mort la ravit à ta férocité.

PROBUS

Oui, la reine a vécu.

AURÉLIEN

Non, je ne le puis croire.
Ah ! veillez sur sa vie : elle importe à ma [gloire.

PROBUS

Seigneur, il n'est plus temps ; tous soins [sont superflus.

AURÉLIEN
C'est elle qui triomphe. Elle n'est déjà
[plus.

Jacques-Corentin Royou,
Zénobie, tragédie en cinq actes,
Paris, 1821

Zénobie dans l'imaginaire arabe

Dans l'imaginaire arabe, Zénobie se retrouve sous les traits de Zabbâ, aux prises avec la tribu de Tanukh, dont les descendants fondèrent la dynastie des Lakhmides, installés dans le bas Irak, à Hira, et furent les alliés des Perses contre les Romains. Le grand arabisant Armand Pierre Caussin de Perceval résume les multiples traditions la concernant.

Une femme célèbre dans les légendes arabes sous la dénomination de Zebbâ, c'est-à-dire la belle aux longs cheveux, fut reconnue comme reine par les troupes d'Amr. On ignore quel était son véritable nom. Les uns l'appellent Farigha, d'autres Naïla, d'autres Mayçun. […] Quelques-uns prétendent qu'elle était Romaine, mais qu'elle savait parler l'arabe. […]

Quoi qu'il en soit, Zebbâ était, dit-on, la plus belle femme de son temps, et n'avait pas moins de courage que de génie et de beauté. Elle était guerrière, et marchait à la tête de ses troupes. Elle prodigua ses trésors pour rassembler de nouvelles forces, recruta des soldats romains, et parvint à chasser Djodhayma des pays qu'il avait envahis. Elle bâtit, pour s'en faire des places de sûreté, deux villes ou forteresses, l'une sur la rive droite, l'autre sur la rive gauche de l'Euphrate […].

L'armée de Zebbâ, dit Tabari, se composait des anciens Amâlica, de Juifs et d'Arabes appartenant aux différentes tribus codhaïtes répandues en Syrie et en Mésopotamie. Redoutée de ses voisins, cette reine se maintint dans ses vastes possessions, passant l'hiver dans ses places fortes de l'Euphrate, le printemps à Batn el-Medjâz, et l'été à Tadmor ou Palmyre.

Ces détails sur la puissance, la beauté, le caractère de Zebbâ, Palmyre comprise dans ses domaines, cette ville d'Azzân bâtie sur l'Euphrate et dont la position rappelle Zenobia, tout fait naître l'idée que la reine Zebbâ n'est autre que Zénobie […].

Armand Pierre Caussin de Perceval, *Essai sur l'Histoire des Arabes avant l'Islamisme, pendant l'époque de Mahomet et jusqu'à la réduction de toutes les tribus sous la loi musulmane*, Paris, Firmin-Didot, 1847

L'histoire de Palmyre selon Edward Gibbon (1737-1794)

Les seules sources dont disposait Edward Gibbon lorsqu'il publia ces pages vers 1780 étaient les textes antiques (Pline, Histoire Auguste, *Zosime, Zonaras), les récits des voyageurs (Halifax, Wood et Dawkins) et les quelques inscriptions connues. Cette vision aujourd'hui largement corrigée par les recherches semble pourtant être parfois encore celle de certains de nos contemporains.*

Le nom même de Tadmor ou Palmyre désigne, en syriaque et en latin, la multitude de palmiers qui donnent de la verdure et de l'ombre à ce climat tempéré. Les habitants y respiraient un air pur ; et le sol, arrosé de plusieurs sources […] produisait des fruits et du blé. Ces avantages particuliers, la situation de cette place à une distance convenable de la Méditerranée et du golfe Persique, la rendirent en peu de temps florissante. Elle fut bientôt fréquentée par les caravanes, qui portaient aux nations de l'Europe une partie considérable des marchandises précieuses de l'Inde. Insensiblement, Palmyre devint une ville riche et libre.

Placée entre le royaume des Parthes et l'empire romain, elle obtint de ces deux grandes puissances la liberté de conserver une heureuse neutralité, jusqu'à ce qu'enfin, par les victoires de Trajan, l'Empire romain engloutit cette petite république. Réduite alors au rang subordonné, quoiqu'honorable, de colonie, elle goûta, pendant plus de cent cinquante ans, les douceurs de la paix. Si l'on en croit le petit nombre d'inscriptions que le temps a épargnées, ce fut durant cette heureuse période que les Palmyréniens opulents élevèrent, sur les modèles de l'architecture grecque, ces temples, ces portiques, ces palais, dont les ruines couvrent encore une surface de plusieurs miles [...]. Les triomphes d'Odenat et de son illustre veuve paraissent avoir jeté un nouvel éclat sur leur patrie. Palmyre, pendant quelque temps, se montra la rivale de Rome ; mais cette rivalité lui devint funeste, et des siècles de prospérité furent sacrifiés à un instant de gloire.

Edward Gibbon, *Histoire du déclin et de la chute de l'Empire romain, Rome (de 96 à 582),* traduit de l'anglais par F. Guizot, Robert Laffont, Paris, 1983

Zénobie, héroïne nationale

On terminera cette revue par le point de vue d'un officiel syrien, le lieutenant-Général Mustafa Tlass, ministre de la Défense de 1972 à 2004.

Zainab [Zénobie] avait pris en charge la direction du mouvement de libération au nom de tout l'Orient, ou, plus spécifiquement, de tous les Arabes. L'Orient en général aurait dû réagir à ce que ce rôle impliquait, et aligner ses forces sur un front unique. Mais il y avait un autre facteur qui ne pouvait être ignoré. C'est la crainte du Colonialiste d'affronter un État nouvellement indépendant.

Quand la guerre romano-palmyrénienne éclata, l'Orient était sous l'occupation des Romains depuis plusieurs siècles, durant lesquels les forces romaines pratiquèrent les formes les plus hideuses d'oppression. Ce qu'ils avaient fait à Pétra et dans d'autres cités l'indique suffisamment. Palmyre soudainement éclatait en plein jour comme une grande puissance. Il est vrai que Palmyre avait aidé les Romains à détruire les Juifs, et avait combattu avec eux dans les guerres romano-perses sous le commandement romain. Avec le temps, quoi qu'il en soit, Rome avait gagné beaucoup de grandeur et une apparence de légitimité. Aussi, le mouvement palmyrénien d'indépendance était-il une rébellion dont les racines n'étaient pas bien profondes dans la société orientale.
Il fallait quelques épreuves réussies pour que Palmyre obtienne le respect souhaité. La déloyauté d'Antioche et de Homs [Émèse] s'expliquait en terme de jalousie envers Palmyre, désir de rivaliser avec elle et crainte de sa domination. Ceci peut avoir quelque vérité, mais il est vrai aussi que l'autorité et le pouvoir d'influence des Romains ne pouvaient être ignorés. Palmyre eût-elle survécu quelques décennies et les circonstances l'eussent-elles mise en situation d'emporter Antioche, toute la situation en aurait été changée à l'avantage de Palmyre...

Palmyre paya chèrement le prix de l'indépendance, et risqua son existence par amour de la souveraineté. Zainab aussi paya le prix fort pour ses décisions, et perdit son royaume et sa vie pour réaliser les ambitions de son peuple et préserver ses intérêts. Palmyre et Zainab furent un exemple historique de sacrifice pour des principes élevés et pour la souveraineté.

Mustafa Tlass, *Zenobia, the Queen of Palmyra,* Damas, Tlass House, 2000 traduit de l'anglais par M. Sartre et A. Sartre-Fauriat

BIBLIOGRAPHIE

SOURCES

- *Inventaire des inscriptions de Palmyre*, I-XII, Beyrouth-Damas, 1930-1975. (Abrégé *Inv.*)
- *Histoire Auguste*, trad. A. Chastagnol, R. Laffont, coll. «Bouquins», Paris, 1994. (Abrégé HA.)
- Dodgeon, M. H. et Lieu, S. N. C., *The roman Eastern Frontiers and the persian Wars (AD. 226-263), A Documentary History*, Routledge, Londres-New York, 1991.

ÉTUDES

- Al-Asad, Khaled, Yon, Jean-Baptiste, *Inscriptions de Palmyre. Promenades épigraphiques dans la ville antique de Palmyre*, IFAPO, Beyrouth, 2001.
- Balty, Janine, « Zénobie et le néoplatonisme », *Actes du colloque international «Zenobia and Palmyra, Proceedings of the International Conference» (19-21/10/2002* Homs et Palmyre), Homs, 2002, rééd. 2005.
- Balty, Jean-Charles, « Statues et portraits d'Odeinat », *Actes du colloque international «Zenobia and Palmyra, Proceedings of the International Conference» (19-21/10/2002* Homs et Palmyre), Homs, 2002, rééd. 2005.
- Collart, Paul, Vicari, Jacques, Dunant, Christiane, Fellmann, Rudolf et Stucky, Rolf, *Le Sanctuaire de Baalshamin à Palmyre*, 7 vol., Droz, Genève, 1969-2000.
- Colledge, Malcom A.R., *The Art of Palmyra*, Londres, 1976.
- Dentzer, Jean-Marie, « Khans ou casernes à Palmyre ? À propos des structures visibles sur des photographies aériennes anciennes », *Syria*, 71, 1994, p. 45-112.
- Dentzer-Feydy, Jacqueline et Delplace, Christiane, *L'Agora de Palmyre*, BAH 175-Ausonius Mémoires 14, Bordeaux-Beyrouth, 2005.
- Degeorge, Gérard, *Palmyre*, Imprimerie nationale, Paris, 2002.
- Equini Schneider, Eugenia, *Septimia Zenobia Sebaste*, L'Erma, Rome, 1993.
- Gawlikowski, Michel, « L'habitat à Palmyre de l'Antiquité au Moyen Âge », dans *Les Maisons dans la Syrie antique du III*[e] *millénaire aux débuts de l'Islam. Pratiques et représentations de l'espace domestique. Actes du Colloque International, Damas 27-30 juin 1992*, Castel, C., Al-Maqdissi, M., et Villeneuve, F. éd., Beyrouth, 1997, p. 161-166.
- Gawlikowski, Michel, « Les comptes d'un homme d'affaires dans une tour funéraire à Palmyre », *Semitica*, 36, 1986, p. 87-99.
- Gawlikowski, Michel, « Les défenses de Palmyre », *Syria*, 51, 1974, p. 231-242.
- Gawlikowski, Michel, « Les princes de Palmyre », *Syria*, 62, 1985, p. 251-261.
- Gawlikowski, Michel, *Le Temple palmyrénien*, Université de Varsovie, 1973.
- Gawlikowski, Michel, *Les Monuments funéraires de Palmyre*, Université de Varsovie, 1970.
- Gawlikowski, Michel, « Le commerce de Palmyre sur terre et sur eau », *L'Arabie et ses mers bordières : Itinéraires et voyages*, Éd. J.-F. Salles, 1988, p. 163-172.
- Gawlikowski, Michel, « Odeinat et Hérodien, rois des rois », *Mélanges de l'Université Saint Joseph*, LX, 2007, p. 289-311.
- Kaizer, Ted, *The Religious Life of Palmyra*, F. Steiner, Stuttgart, 2002.
- *Louis François Cassas 1756-1827*, catalogue de l'exposition, Wallraf-Richartz Museum Köln et musée des Beaux-Arts, Tours, Philipp von Zabern, Mainz am-Rhein, 1994.
- *Moi, Zénobie Reine de Palmyre*, catalogue de l'exposition, Centre culturel du Panthéon, Skira, Paris, 2001.
- Sartre, Maurice, « Palmyre cité grecque », *Palmyra and the Silk Road, Annales Archéologiques Arabes Syriennes*, 42, 1996, p. 385-405.
- Sartre, Maurice, *D'Alexandre à Zénobie. Histoire du Levant antique IV*[e] *av. J.-C.-III*[e] *apr. J.-C.*, Fayard, Paris, 2001.
- Sartre, Maurice, *La Syrie antique*, Gallimard, coll. «Découvertes», n° 426, Paris, 2002.
- Sartre-Fauriat, Annie, « Palmyre de la mort de Commode à Nicée (192-325 apr. J.-C.) », *Questions d'Histoire, L'Empire romain de la mort de Commode au concile de Nicée*, Éd. du Temps, 1997, p. 251-278.
- Sartre-Fauriat, Annie, « Zénobie, reine de Palmyre et impératrice de Rome », *Actes du colloque international «Zenobia and Palmyra, Proceedings of the International Conference» (19-21/10/2002* Homs et Palmyre), Homs, 2002, rééd. 2005, p. 59-70.
- Schmidt-Colinet, Andreas et Al-Asad, Khaled, *Kulturbegegnung im Grenzbereich, Palmyra*, Philipp von Zabern, Mainz, 1995, p. 28-53.
- Schmidt-Colinet, Andreas, *Das Tempelgrab n° 36 in Palmyra*, 2 vol., Philipp von Zabern, Mainz, 1992.
- Schmidt-Colinet, Andreas, Stauffer, Annemarie, *Die Textilien aus Palmyra : neue und alte Funde*, Philipp von Zabern, Mainz, 2000.

- Seyrig, Henri, « L'incorporation de Palmyre à l'Empire romain », *Syria*, 13, 1932.
- Seyrig, Henri, « Le statut de Palmyre », *Syria*, 22, 1941, p. 155-167.
- Seyrig, Henri, Amy, Robert et Will, Ernest, *Le Temple de Bêl à Palmyre*, Geuthner, Paris, 1975.
- Starcky, Jean et Gawlikowski, Michel, *Palmyre*, J. Maisonneuve, Paris, 1985.
- Tanabe, Katsumi, *Sculptures of Palmyra*, I, *Memoirs of the ancient Orient Museum*, Tokyo, 1987.
- Teixidor, Javier, *Un port romain du désert, Palmyre*, J. Maisonneuve, Paris, 1984.
- Will, Ernest, « La tour funéraire de Palmyre », *Syria*, 26, 1949, p. 258-312.
- Will, Ernest, « Marchands et chefs de caravanes », *Syria*, 34, 1957, p. 262-277.
- Will, Ernest, « Le développement urbain de Palmyre », *Syria*, 60, 1983, p. 69-81.
- Will, Ernest, *Les Palmyréniens, La Venise des sables*, A. Colin, Paris, 1992.
- Yon, Jean- Baptiste, *Les Notables de Palmyre*, BAH 163, IFAPO, Beyrouth, 2001.

TABLE DES ILLUSTRATIONS

COUVERTURE

1er plat Prêtre et jeune femme, détail de la base d'un sarcophage découvert en 1990 dans la nécropole sud-ouest, Ier siècle apr. J.-C. Musée de Palmyre.
Dos Malakbêl, détail d'un relief en calcaire, 1re moitié du Ier siècle apr. J.-C. Musée du Louvre, Paris
2e plat Vue de la grande colonnade, époque Sévérienne.

OUVERTURE

1-9 *Panorama de Palmyre*, Gérard Hofstede Van Essen, membre de l'expédition d'Halifax, huile sur toile (h/t), 1693. Allard Pierson Museum University of Amsterdam.
11 Arche de la grande colonnade à la hauteur du théâtre.

CHAPITRE 1

12 *Passage de deux caravanes à Palmyre par la vallée des Mausolées* (détail), Jean-Baptiste Hilaire, h/t, fin XVIIIe siècle. Coll. part.
13 Deux statues en cours de dégagement près de l'Agora dans le Bouleutérion, conservées aujourd'hui au musée de Damas, vers 1950. IFPO, Damas.
14-15h *A View of the Ruins of Palmyra alias Tadmor taken on the Southern Side*, gravure *in* W. Halifax « A Relation of the Voyage from Aleppo to Palmyra », publié dans *Philosophical Transactions of the Royal Society*, n° 213, novembre-décembre 1695. Bibliothèque nationale de France (BnF), Paris.
15b Stèle avec dédicace de Iulius Aurelius Héliodorus aux dieux Aglibol et Malakbêl d'après l'original aujourd'hui conservé au musée du Capitole, gravure *in* Jacob Spon, *Miscellanea Eruditae Antiquitates*, 1679. BnF, Paris.
16h Relevé et plan du tétrapyle, in *Ruines de Palmyre, autrement dite Tadmor du désert*, Robert Wood et James Dawkins, Londres, 1753, planche 32, gravure de G. B. Borra. Collège de France, bibliothèque d'Études sémitiques, Paris.
16b Entablement du temple de Bêl, in *Ruines de Palmyre, autrement dite Tadmor du désert*, Robert Wood et James Dawkins, Londres, 1753, planche 15, gravure de G.B. Borra Collège de France, bibliothèque d'Études sémitiques, Paris.
17h Correspondance entre les alphabets palmyrénien, hébraïque et grec, in *Reflexions sur l'Alphabet et la Langue dont on se servait autrefois à Palmyre*, de l'abbé Jean-Jacques Barthélemy, 1754. Collège de France, bibliothèque d'Études sémitiques, Paris.
17b Page de titre de *Reflexions sur l'Alphabet et la Langue dont on se servait autrefois à Palmyre*, de l'abbé Jean-Jacques Barthélemy, 1754. Collège de France, bibliothèque d'Études sémitiques, Paris.
18 Réception de Louis François Cassas chez

le chef des Arabes à Palmyre, *in* L. F. Cassas *Voyage pittoresque de la Syrie, de la Phénicie, de la Palestine et de la Basse-Égypte*, 1799, planche 27, gravure de S. G. Miger. Collège de France, bibliothèque d'Égyptologie, Paris.
19h Entrée du vestibule de la tour de Jamblique, Louis François Cassas, aquarelle. Wallraf-Richartz Museum, Cologne.
19b Études de bédouins à Palmyre (détail), Louis François Cassas, aquarelle gouachée, vers 1787-1791. Musée des Beaux-Arts, Tours.
20-21 *Vue de Palmyre*, Louis François Cassas, aquarelle gouachée, 1821. Musée des Beaux-Arts, Tours.
22h Lady Hester Stanhope, *in* Charles Lewis Meryon, *Memoirs of the Lady Hester Stanhope*, 1846. Coll. part.
22b La caravane de Léon de Laborde attaquée par des Bédouins, frontispice de *Voyage en Syrie*, Paris, 1830. Bibliothèque de l'IFPO, Beyrouth.
23 Guillaume II à Baalbek, octobre 1898. Collection Archivf. Kunst & Geschichte, Berlin.
24 Dégagement progressif du temple de Bêl alors occupé par le village arabe, vues prises en 1929 et 1930. IFPO, Damas.
25h Village arabe à l'intérieur du téménos du temple de Bêl, photographie de Raphaël Savignac, juillet 1914. École biblique et archéologique de Jérusalem.
25b Vue de l'enceinte du sanctuaire du temple de Bêl, juillet 1914. École biblique et archéologique de Jérusalem.
26h Le père Raphaël Savignac relevant l'inscription sur la colonne dite de Zabdilah, juillet 1914, photographie de Antonin Jaussen. École biblique et archéologique de Jérusalem.
26-27 Henri Seyrig à Palmyre en 1929. Library of Congress Prints & Photographs Division, Washington D.C.
27h Page de carnet d'Henri Seyrig. Université de Neuchâtel, Fonds Seyrig.
28b Momie découverte dans une tour funéraire. Musée de Palmyre.
28-29h Fouille de la ville hellénistique par la mission syro-allemande en 2007, dirigée par Andreas Schmidt-Colinet.
29b Fragment de peinture murale dégagée de la ville hellénistique, Ier-IIe siècle apr. J.-C.
30 Entrée de la tombe H, nécropole du sud-est, en cours de fouille par la mission syro-japonaise, 2002.
31h La tombe H en cours de fouille par la mission syro-japonaise en 2002. À droite Kiyohide Saito, directeur de fouille de l'Institut archéologique Kashihara à Nara (Japon).

64 Le temple de Bêl.
64-65h Vue aérienne du sanctuaire de Bêl.
65b Maquette du temple de Bêl. Musée de Palmyre.
66h Plan restitué du temple de Bêl, *in* H. Seyrig, R. Amy, E. Will, *Le Temple de Bêl à Palmyre*, Geuthner, 1975.
66b Thalamos nord de la cella du temple de Bêl.
67 Plafond du thalamos sud du temple de Bêl.
68 Le sanctuaire de Baalshamin, 130 apr. J.-C.
69h Les étapes du développement du sanctuaire de Baalshamin, la cella du temple, *in* M. Ruprechtberger dir. *Palmyra*, Linz, 1987.
69b La cella du temple de Baalshamin.
70 Héraclès, Astarté, Aglibôl et Malakbêl, calcaire, Ier siècle av.-Ier siècle apr. J.-C. Musée national, Damas.
70-71 Le linteau aux aigles, provenant du temple de Baalshamin, avec représentation de Malakbêl à droite, Aglibôl à gauche, calcaire, IIe siècle apr. J.-C. Musée de Palmyre.
71b Autel provenant du temple de Baalshamin avec représentation d'Allat, marbre, IIe siècle apr. J.-C. Musée de Palmyre.
72-73 La triade Palmyrénienne : Baalshamin entouré d'Aglibôl à gauche et de Malakbêl à droite, calcaire, 1ère moitié du Ier siècle apr. J.-C. Musée du Louvre, Paris.
72h Coupe restituée du podium du thalamos nord du temple de Bêl, *in* H. Seyrig, R. Amy, E. Will, *Le Temple de Bêl à Palmyre*, Geuthner, 1975.
74h Restitution du plafond du thalamos nord du temple de Bêl, in *Ruines de Palmyre, autrement dite Tadmor du désert*, Robert Wood et James Dawkins, Londres, 1753, planche 19, gravure de G. B. Borra. Collège de France, bibliothèque d'Études sémitiques, Paris.
74b *La Déesse au chien*, entourée du dieu Bêl représenté en aigle et à sa droite la Tyché de Palmyre, calcaire, début du Ier siècle apr. J.-C. Musée national, Damas.
75 Allat en Athéna, statue découverte dans le temple d'Allat et provenant probablement d'Antioche ou d'Anatolie, marbre, Ier siècle apr. J.-C. Musée de Palmyre.
76 Rituel effectué par le prêtre Conon entouré de sa famille, fresque du temple dit des « Dieux palmyréniens » à Doura-Europos, fin du Ier siècle apr. J.-C. Musée national, Damas.
77h Aglibôl dans le sanctuaire du Bois sacré, détail d'une poutre du péristyle du temple de Bêl, calcaire, IIe siècle apr. J.-C.
77b Scène de libation, détail d'une base de sarcophage, IIe siècle apr. J.-C. Musée de Palmyre.
78b Détail d'une procession sur une poutre du temple de Bêl, calcaire.
79 Prêtre accompagné de son fils et petit-fils, relief provenant du temple de Nebo, calcaire, Ier siècle apr. J.-C. Musée de Palmyre.
79b Tessère représentant la Tyché de Palmyre assise, Ier siècle apr. J.-C., provenant des fouilles de la ville hellénistique dirigées par Andreas Schmidt-Colinet.

CHAPITRE 4

80h Premier panneau du Tarif de l'octroi municipal de Palmyre, inscrit en grec et araméen, avril 137 apr. J.-C. Musée de l'Ermitage, Saint-Pétersbourg
80b Chameaux chargés de marchandises, base de niche, IIe siècle apr. J.-C. Musée de Palmyre.
81 Buste funéraire du caravanier Hairan, 1re moitié du IIIe siècle, calcaire. Musée national, Damas.
82h Puits dans le désert.
82-83 Caravane devant le temple de Bêl, gravure *in* Louis François Cassas, *Voyage pittoresque de la Syrie, de la Phénicie, de la Palestine et de la Basse-Égypte*, 1799, planche 79 (détail), gravure de Reville. Collège de France, bibliothèque d'Égyptologie, Paris.
83 Oasis de Palmyre.
84 Chameau et caravaniers, panneau de sarcophage découvert près du camp de Dioclétien, fin IIe-début IIIe siècle apr. J.-C. Musée de Palmyre.
84-85h Les quatre tribus civiques de Palmyre honorent Ogeilô, stratège et synodiarque, inscription en grec et araméen sur une console de l'agora, 199 apr. J.-C.
86-87 Porte de Palmyre à Doura-Europos.
86b Navire de charge, découvert dans le tombeau-maison de Marona, fondé en 236. Musée de Palmyre.
87b Carte des routes commerciales. Infographie d'Édigraphie, Rouen.
88h Paire de boucles d'oreilles, or et verre, IIe siècle, provenant de Palmyre. Coll. part.
88b Détail d'un fragment de tissu en soie de Chine découvert dans une tombe. Musée de Palmyre.
89h Banquet funéraire, calcaire, vers 210-240. Musée de Palmyre.
89b Tissu découvert dans la tour funéraire de Kitot, laine, vers 40 apr. J.-C. Musée de Palmyre.
90b Plaque de fondation d'une tombe

CHAPITRE 5

TÉMOIGNAGES ET DOCUMENTS

ANNEXES

INDEX

A

B

C

D

E

CRÉDITS PHOTOGRAPHIQUES

Allard Pierson Museum University of Amsterdam 1-9. AISA/Leemage 34-35h. Akg images 23, 42. Akg images/ Tarek Camoisson 63h, 67. Akg images/Gérard Degeorge 14-15h, 15b, 41, 51, 52b, 53, 64-65h, 70-71h, 79h, 91d, 93, 100h, 101g, 106-107h, 108h. Akg images/Werner Forman 76. Akg images/Suzanne Held 2e plat, 60-61. Akg images/Jean Louis Nou 94. Akg images/Bildarchiv Steffens 57, 64. Mohamad Al-Roumi, Damas 58. Archives Gallimard 36-37, 37b, 56, 87b, 96, 103b. Archives Gallimard/Patrick Léger 50hg. Jean-Charles Balty 44b. BNF, Paris 50b. BPK, Berlin, Dist. RMN 36b. Bridgeman-Giraudon/Museum of Fine Arts, Boston 109d. Brian Yoder's Art Gallery 143. Collection particulière 22h, 88h, 113. Collège de France, Bibliothèque d'Egyptologie, Paris/Photo Gallimard 18, 82-83, 100b, 115, 135, 136. Collège de France, Bibliothèque d'Etudes Sémitiques, Paris/Photo Gallimard 16, 17, 74h. Corbis/Hemis/Paule Seux 59h. Corbis/Michael Nicholson 59b. Ecole Biblique et Archéologique de Jérusalem 25, 26h. Editions Errance/Jean-Claude Golvin 63b. Etude Tajan, Paris 12. Ferrante Ferranti 11, 47, 86-87. Th. Fournet 92h. Gamma/Marc Deville 1er plat, 30, 31.Gamma/Raphël Gaillarde 28b, 77b, 104. Anwar Abdel Ghfour/DR 33, 38, 55, 89h, 90h, 91g. IFPO, Damas 13, 24, 45. Francis Joannès 34. Leemage/Heritage Images 50hd. Leemage/Prisma Archivo 83. Library of Congress Prints & Photographs Division, Washington D.C 26-27b, 118, 155, 141. Philippe Maillard 70, 81, 111. Musée des Beaux-Arts, Tours/cliché Boyer 19b, 20-21. Courtesy of the Booard of Trustees, National Gallery of Art, Washington, Samuel H. Kress Collection 32, 48. The Picture Desk/Gianni Dagli Orti 40b, 54, 66b, 71b, 74b, 84, 110. The Picture Desk/Collection Dagli Orti/Manuel Cohen 68, 77h, 78b, 92b, 96-97. RMN/Hervé Lewandowski Dos, 43b, 72-73, 108d, 109g. RMN/René-Gabriel Ojéda 43h. Maurice Sartre 22b, 46-47. Annie et Maurice Sartre 36h, 39, 40h, 52h, 62h, 69b, 75, 80b, 82h, 84-85h, 90b, 95, 98, 102, 105, 106. Scala/Ministero Beni e Att. Culturali 49. Andreas Schmidt-Colinet 28-29h, 29b, 79b, 88b, 89b, 107h. Andreas Schmidt-Colinet/dessin de C. Mütting-Zimmer 107b. Siny Most/Vladimir Terebenin 80h, 91d. Henri Stierlin 46h, 62b, 65b, 86b, 103h, 112. Université de Neuchatel, Fonds Seyrig 27h. Wallraf-Richartz Museum, Cologne 19h. Jean-Baptiste Yon 99.

REMERCIEMENTS

Les auteurs remercient Julien Aliquot, Jean-Charles Balty, François Bernel, Christine et Michel Gawlikowski, Hélène Eristov, Francis Joannès, Denis Knoepfler, Bertrand Lafont, Andreas Schmidt-Colinet, Claude Vibert-Guigue, Jean-Baptiste Yon, et les membres de l'Institut Français du Proche-Orient qui ont fourni avec une rapidité exemplaire renseignements et images. M. Waleed al-Assad, conservateur des Antiquités et directeur du musée de Palmyre, a mis à notre disposition, lors de notre dernier séjour, les moyens indispensables à la visite de certains tombeaux et des carrières de Palmyre. Que tous trouvent ici l'expression de notre très profonde gratitude.
L'éditeur remercie également Catherine Fauveaud de la bibliothèque d'Études sémitiques du Collège de France, Catherine Koczorowki de la Bibliothèque d'Égyptologie du Collège de France, Annie Gilet du Musée des Beaux-Arts de Tours et W. M. Van Haarlem du Allard Pierson Museum d'Amsterdam.

ÉDITION ET FABRICATION

DÉCOUVERTES GALLIMARD
COLLECTION CONÇUE PAR Pierre Marchand. DIRECTION Elisabeth de Farcy.
COORDINATION ÉDITORIALE Anne Lemaire. GRAPHISME Alain Gouessant.
COORDINATION ICONOGRAPHIQUE Isabelle de Latour. SUIVI DE PRODUCTION Fabienne Brifault.
SUIVI DE PARTENARIAT Madeleine Giai-Levra.
RESPONSABLE COMMUNICATION ET PRESSE Valérie Tolstoï.
PRESSE David Ducreux et Alain Deroudilhe.

PALMYRE, LA CITÉ DES CARAVANES
ÉDITION Laurent Lempereur.
ICONOGRAPHIE Maryse Hubert.
MAQUETTE Valentina Leporé et Roberta Maranzano.
LECTURE-CORRECTION Pierre Granet et Jocelyne Moussart.
PHOTOGRAVURE Nouveau Cap.

Annie Sartre-Fauriat est professeur d'Histoire ancienne à l'Université d'Artois. Elle est l'auteur de plusieurs ouvrages et articles sur la Syrie parmi lesquels : « Des tombeaux et des morts. Monuments funéraires, société et culture en Syrie du Sud (Ier siècle av. J.-C.-VIIe siècle apr. J.-C.) », 2 vol., *BAH* 158, Beyrouth, 2001, et « Les voyages dans le Hauran de William John Bankes 1816-1818 », *Ausonius 14-BAH* 169, Bordeaux-Beyrouth, 2004. Elle prépare actuellement le volume XV des *Inscriptions grecques et latines de Syrie* consacré au Trâchon.

Professeur d'Histoire ancienne à l'Université François-Rabelais (Tours) et membre de l'Institut universitaire de France, Maurice Sartre a consacré l'essentiel de son activité scientifique à l'étude de la Méditerranée orientale hellénisée. Engagé dans la publication du corpus des *Inscriptions grecques et latines de la Syrie* dont il a publié les volumes relatifs à Bostra (1982) et à Pétra (1993), il est l'auteur de *L'Orient romain. Provinces et sociétés provinciales en Méditerranée orientale d'Auguste aux Sévères*, Le Seuil, 1991, de *D'Alexandre à Zénobie. Histoire du Levant antique (IVe s. av. J.-C.-IIIe s. apr. J.-C.)*, Fayard, 2001, de *La Syrie antique*, Découvertes Gallimard, 2002 et de *Histoires grecques*, Le Seuil, 2006.

Dépôt légal : février 2008
Numéro d'édition : 151498
ISBN : 978-2-07-034659-2
Imprimé en France par IME